关爱未成年人健康成长系列

让你一生受益的习惯密码

广州市精神文明建设委员会办公室 编
余雷 著

广州新华出版发行集团
广州出版社

图书在版编目（CIP）数据

让你一生受益的习惯密码／广州市精神文明建设委员会办公室编. —广州：广州出版社，2016.8

（关爱未成年人健康成长系列）

ISBN 978－7－5462－2130－4

Ⅰ. ①让…　Ⅱ. ①广…　Ⅲ. ①习惯性—能力培养—青少年读物
Ⅳ. ①B842.6－49

中国版本图书馆 CIP 数据核字（2015）第 102525 号

书　　名　让你一生受益的习惯密码
Rang Ni Yisheng Shouyi de Xiguan Mima
著　　者　余　雷
出版发行　广州出版社
（地址：广州市天河区天润路 87 号 9 楼、10 楼　邮政编码：510635
网址：www.gzcbs.com.cn）
责任编辑　董　平　李碧梅　田宇星
文字编辑　彭向明　刘金芳　刘雅丽
责任校对　蒋美秀
装帧设计　柳国雄
排版设计　奔流文化
印刷单位　广州市快美印务有限公司
（地址：广州市横枝岗路 64 号大院自编 9 号 1～4 层　邮政编码：510095）
规　　格　787 mm×1092 mm　1/16
印　　张　9.5
字　　数　190 千
版　　次　2016 年 8 月第 1 版
印　　次　2016 年 8 月第 1 次
书　　号　ISBN 978－7－5462－2130－4
定　　价　29.80 元

发行专线（020）38903520 38903521

编委会名单

主编

徐咏虹

副主编

冯建标　余　雷

编委（按姓氏笔画排序）

刘　辉　李　滨　李文驹　郭德焱　曾小穗

鲍　炜　潘晓东

CONTENTS

目录

序言

用行动实现理想

阿里巴巴公司有一句格言：人不能没有梦想，万一实现了呢？

人类社会发展到今天，很大程度上是因为人们对未来有着无限的憧憬。这种憧憬并非不切实际的空想和幻想，而是人们在社会实践中的合理向往和追求。正是因为人们一直没有放弃过对精神和物质的追求，并为此付出了不懈的努力，实现了这些梦想，才有了今天精神文明与物质文明的极大繁荣。

生命的成长都有一定的规律，一颗种子发芽、长大、开花、结果、凋零是自然的规律，一个人从出生到死亡也经历着不同时期的变化和发展。在生命的不同时期，我们都会有不同的理想，从幼年时期的一块糖果或是一个拥抱，到成年后的一个奖项或是一个职位，一个爱人或是一幢房子，人类从没有放弃过梦想。胡适说："生命本没有什么意义，你要能给他什么意义，他就有什么意义。"因为有了梦想，我们的生命才更有意义；因为有了梦想，我们更加享受生命。

然而梦想的实现必须付出艰辛的努力，坐等梦想的实现，梦想就变成了空想。每个人的梦想尽管不一样，但追求梦想付出的艰辛却没有分别。金字塔不是一天能够建成的，为了搭建那座高大的建筑，无数的工人搬运石块，计算尺寸，打磨石块，精确叠加。世界的奇迹就是在这样日复一日，年复一年的奋斗中产生的。

每一个梦想都是一个长期或者短期的目标。远大的理想或目标就是一个长期的规划，为了实现这个目标，我们必须制订可行的计划，必须获得行动的物质准备，还必须拥有坚忍不拔的毅力和勇气。尽管有的梦想无论怎样努力最终也无法实现，但在实现理想征途中的种种付出，也能让我们在这条满是荆棘的路上获得为梦想奋斗的欢欣和满足。

既然选择了远方，哪怕风雨兼程，我们也要努力前行。

第一章

探寻习惯的密码

一个人的习惯就像一棵枝繁叶茂的大树。这棵大树的根、茎、叶、花、果有着各自不同的作用和要求，但它们之间息息相关，缺一不可。

习惯究竟是什么？

“习惯”这个词语古已有之，我们先来看看从古至今成功的人们怎么说。

孔子说，性相近，习相远。这句话的意思是人的先天的纯真本性是接近的，但后天养成的习性却差异甚大。孔子还说过，少成若天性，习惯如自然。这句话的意思是儿童时期养成的习惯就像是人的天性一样牢固，很难改变。

美国心理学巨匠威廉·詹姆斯有一段对习惯的经典注释：种下一个行动，收获一种行为；种下一种行为，收获一种习惯；种下一种习惯，收获一种性格；种下一种性格，收获一种命运。

培根说，习惯是一种顽强而巨大的力量，它可以主宰人生。因此，人自幼就应该通过完善的教育去建立一种良好的习惯。

美国著名教育家曼恩说，习惯像一根缆绳，我们每天给它缠上一股新索，要不了多久，它就会变得牢不可破。

有研究者认为，习惯行为是人对某种环境刺激条件的相应反应。

其实，习惯是一种由一再重复的思想和行为形成的思维方式、处世态度和行为方式。有的习惯符合人们的日常道德规范和行为准则，因此被称作好习惯；反之就被称为坏习惯。习惯像转动的车轮一样具有很强的惯性，当启动之后就会让人不由自主地沿着一定的轨迹前行。无论是好习惯还是坏习惯都如此。因此很多成功的人都敬畏习惯的力量，因为这种力量常常在不经意间会影响人的一生。

其实，习惯就是一种有意无意多次重复的结果。人类社会发展至今，人们常常会有意识地选择良好的习惯进行有目的的训练，让自己形成良好的习惯，也会有意识地去改变那些无意中形成的不良习惯。一个习惯的建立并不是一件容易的事，因为一个习惯的建立往往和其他的习惯有着千丝万缕的联系。当一个习惯形成之后，这个看似不起眼的习惯对人的影响并不仅仅是在某个方面，而且会影响到生活的方方面面，与之相关的很多事情就会发生微妙的改变，对其他习惯也会产生影响。因此，有人说，习惯决定性格，性格决定命运。

一个人的习惯就像是一棵枝繁叶茂的大树。这棵大树的根、茎、叶、花、果有着各自不同的作用和要求，但它们之间息息相关，缺一不可。一个人的学习习惯、行为习惯、交往习惯、思维习惯、生活习惯等都不是孤立的，它们相互之间有一定的联系。这些联系对每个生命个体的影响是巨大的，它们决定着我们的思维方式和行为方式。习惯有如此巨大的力量，成功者与失败者最大的差别也就在于此。当一个人爱上了阅读，并养成了每天阅读20页书的习惯后，因为要保持这个习惯，他必须每天先找到能够阅读的20页相关材料。这些材料不能信手拈来，必须符合他的阅读趣味和品质要求。为了寻找这些材料，他只能每隔几天就到图书馆或是书店去。因此，他渐渐地养成了定期到图书馆和书店的习惯。因为到图书馆和书店去要花费一定的时间，所以他把原来定期去逛音像店或是其他商店的时间做了调整。由此看来，一个习惯的形成会对另一个与它相联系的习惯有一定的影响。这些习惯会互相牵制对方，或是互相增强对方的作用，让养成习惯的人发生一系列的改变。这些改变对一个人的整体塑造有着非常重要的作用，性格随之改变无非是时间早晚，而性格的内涵必将决定这个人一生的命运。

一个良好习惯的养成不是一件轻而易举的事。这是一个由浅入深、循序渐进、周而复始的过程。尽管这个过程繁复而艰辛，但却能让我们因为拥有一个良好的习惯而在以后的学习、工作和生活中事半功倍，更有效率，更容易获得成就感。

习惯能成就一个人，也能摧毁一个人。当我们能够自觉养成良好习惯时，我们的人生就有了不一样的未来。

第一节

习惯就是创造力

亚里士多德说："人的行为总是一再重复。因此卓越的不是单一的行动，而是习惯。"

有人认为：创造力和习惯似乎是一对矛盾的概念。在他们看来，创造力在于破旧立新，别出心裁，是一种打破旧观念的新概念和新理论。创造力的出现，就是对一种一成不变的思维方式和一次次合乎情理的重蹈覆辙的行动的反拨。然而，任何新的事物都不可能与旧有的事物没有任何关联，所有新的创造发明都是对原有的模式、理论和行为的扬弃和改造。这是因为世界是不断发展变化的，当创造力对旧有的习惯加以改变产生新的模式时，人们的思维方式和行为方式就发生了改变，而这样的改变在它出现之时，便已经成为一个需要超越和突破的目标。人们需要不断地去改变现有的状态，才能有更新的发展。

而这样对新事物、新思维和新方式的执着追求就是一种习惯。人们相信，只要不停留于现有的水平，不断追求更新、更好、更快的发展，就会创造出更美丽的新世界。因此，超越现实与其说是一种愿望不如说是一种习惯。

当创造和改变成为一种习惯，习惯也就成为一种创造力。

我们还可以从另一个角度来理解这句话。良好的习惯会改变人的一生并不是故弄玄虚，当某种有益于你的生活习惯、学习习惯和行为习惯等养成之后，这些习惯对你生命历程的意义将是不可低估的。它们会为你的人生插上双翼，让你飞得更高。

成功的人这样说，习惯如果不是最好的仆人，那就是最坏的主人。（爱默生）

你的习惯可以为你获取财富和成功，也能让你遭到毁灭。优秀的人应当支配习惯，而不应当让习惯支配人。

听来的故事

埃斯金是美国近代诗人和小说家。小时候，家人请了著名的钢琴教师瓦尔达特为他上钢琴课。

有一天，瓦尔达特上课时问了一个问题："你每天花多少时间练琴？"

埃斯金回答说："三四个小时吧。"

瓦尔达特接着问："每次练习的时间都很长吗？"

埃斯金点点头："是的。"

瓦尔达特摇摇手说："这样不好。你将来长大以后不会有这么多的时间来练琴，你可以养成习惯，一有空闲就练习几分钟。比如上学前或是晚饭后都可以弹几分钟，五分钟、五分钟地去练习就好了。把一天当中的零散时间都利用起来就足够了。"

当时14岁的埃斯金并没有对瓦尔达特的话多加注意。十多年以后，当埃斯金在大学教书时，他非常想兼职进行创作。可是繁杂的教学工作让他忙得焦头烂额，根本没有完整的时间用于创作。这样持续了两年，埃斯金一个字也没写。有一天，埃斯金突然想起小时候的钢琴教师瓦尔达特对他说过的那番话，他马上按照瓦尔达特说的去做，只要有五分钟就坐下来写作，哪怕只写几行字也可以。

埃斯金惊讶地发现，这个周末他竟然写出了很多稿子。此后，他用这样的方式坚持写作，利用短暂的空余时间，甚至写出了长篇小说。

如果埃斯金继续等待大块的时间，或许直到生命的尽头他也没有写作的可能。正是这样一个利用琐碎时间的习惯，让他完成了自己的心愿，获得了创作的成功。

心理学研究成果：

最早开始对习惯进行研究的西方学者是威廉·詹姆斯。他认为，一种习惯的养成一定是因为连续的经验影响形成的。当一个动作重复多遍，就会形成惯性，这种惯性一旦生成就难以改变。

余老师说一说

养成善于利用零散时间的习惯是很多成功者的制胜法宝。

在《听来的故事》里，表面上看起来埃斯金是利用零散的时间完成了写作任务，但埃斯金的写作并不是在那些零散的时间里获得灵感和完成构思的。真实的情况应当是，埃斯金平时有很多的灵感和准备，当他用五分钟的时间坐下来写作时，他是将自己在头脑中早已形成的构思用笔记录下来。所以他才能利用零散时间来完成很多作品。只有在做事前有着充分的准备，零散时间才能充分地发挥效应。

当然，善于利用时间总会给我们带来这样那样的益处。比如，我们可以利用这些时间完成更多的工作，利用这些时间多休息，还可以利用这段时间读一读我们喜欢的书。这个习惯确实大有好处。

第二节

习惯是可以培养的

成功的人这样说，罗马不是一天建成的。

听来的故事

伦敦大学学院的健康心理学家费莉帕·勒理和他的同事曾经做过一个实验。他们希望了解不同的人能用多长时间形成某个习惯。他们从各个行业招募了96名参与者，设计了一个长达84天的测试活动。

参与测试的人可选择以下三种方式：第一种，每天晚餐前做50个仰卧起坐；第二种，早餐后散步10分钟；第三种，饭前做15分钟运动。三种方式测试者可自由选择，但测试者选择其中任何一个选项都有一个条件，就是必须持续重复。

费莉帕·勒理他们认为，让测试者自由选择目标可以对其有激励作用，不需要再监督或者鼓励他们。因此，除了每天要求测试者填写一份测量行为自动化的量表外，没有其他的任何行为要求。

这些量表的条目比较直观和简单。有的条目是“我想都不用想就完成了（I do it without thinking）”，有的条目是“不去做反而很困难（I find it hard not to do）”。测试者每天按照要求填写表格，坚持重复自己选择的活动。

84天的测试结束后，费莉帕·勒理和他的同事发现，坚持到最后的参与者表现出很多相似的地方。表格分析得出，早期的重复行为贡献了最大程度的自动化分数，而在此后的重复过程中，自动化增加的程度不断递减，最终达到一定的稳定。这个稳定数据的出现，说明习惯已经形成。

其中最快达到自动化的一位测试者只用了18天就达到了目标。而部分测试者直到第84天依然没有成功，根据统计数据推断，他们可能需要在第254天才能达到自动化。在形成习惯的测试者中，平均需要66天的时间来形成某个习惯。

在这个研究中费莉帕·勒理他们还发现，选择项目的难易程度也影响了习惯的形成时间。例如，选择早餐后散步10分钟的人比选择晚餐前做50个仰卧起坐的人更容易成为习惯。这或许说明某些行为本身就是更容易自动化，而另一些则需要付出更多的努力才能实现。

我们班的故事

陈偃松今天带了一个新杯子到学校来喝水。杯子外面有一个画着“大白”卡通图案的套子，这个套子很厚实，杯子里接满了滚烫的白开水也不会烫到手。

赵乐乐很喜欢这个杯子，问陈偃松：“你这个杯子在哪里买的？”

陈偃松高兴地说：“街口的奶茶店在做活动，买满二十杯奶茶以后就送一个杯子。我昨天刚好喝了二十杯，所以他们就给了我这个杯子。”

赵乐乐不能喝奶茶，但他很喜欢这个杯子，看到李小梅正在喝奶茶，他连忙对李小梅说：“我每天请你喝半杯奶茶怎么样？”

李小梅不高兴地说：“半杯奶茶？我可不喝你喝剩下的。”

赵乐乐解释说：“一杯奶茶六元钱，你给我三元钱，我就给你半杯奶茶，可以吗？”

“哼，你想要那个杯子。我也想要。你自己喝去吧。”李小梅拒绝了他，转身要进教室。

赵乐乐连忙说：“那你给我三元钱，你就可以喝一杯六元钱的奶茶。这下你该同意了吧？”

李小梅不理他。赵乐乐问：“你已经有了那个杯子，帮帮我不可以吗？”

李小梅瞪了他一眼，说：“如果你一开始就说让我帮帮你，我可能会同意。但你跟我说三元钱，太小心眼了。”

“你才是小心眼。”赵乐乐最讨厌别人叫他小心眼。他决定不再请李小梅帮忙。

该请谁帮忙呢？赵乐乐这几天一直在想这个问题。每天放学以后他都绕路从奶茶店门口经过，看一看橱窗里有着“大白”图案的杯子还在不在。

这一天，赵乐乐发现架子上的那个杯子没有了。他连忙问店员：“大白的杯子还有吗？”

店员笑着说：“我们的活动已经结束了。以后会有其他奖品，希望你继续支持我们。”

第二天，赵乐乐又经过这里时突然发现，自己原来都是从和奶茶店相反的方向回家的，前几天从这里经过是为了看看那个杯子还在不在。可今天却不知不觉还是从这里回家。他看了看原来放着那个杯子的位置，悄悄地叹了一口气。

留言板

苏晓庆：赵乐乐，这几天你都不爱说话，生病了吗？

赵乐乐：（白眼）你才生病呢！我没病！

李小梅：（调皮）赵乐乐，明天你还想请我喝半杯奶茶吗？

赵乐乐：（生气）不请！

李小梅：我看你每天都从奶茶店门口经过，你为什么不自己喝一杯？

赵乐乐：（生气）就不告诉你。

苏晓庆：李小梅，我告诉你，赵乐乐对奶制品过敏……

赵乐乐：苏晓庆，你要是再说我就不理你了。

李小梅：（惊讶）赵乐乐我不该说你小心眼，你不是小心眼。对不起。

陈偃松：赵乐乐，奶茶店的活动结束了，你换到那个杯子了吗？

赵乐乐：（大哭）没有。

李小梅：（流汗）你要是早告诉我，我就替你喝奶茶了。

赵乐乐：算了，不怪你。

苏晓庆：赵乐乐，你这几天都不跟我一起走，你不回家吗？

赵乐乐：（笑脸）我现在习惯每天都经过奶茶店门口回家，可以看看那个杯子。

苏晓庆：那个杯子没有了，明天我们一起从老路回家吧。

赵乐乐：（调皮）我们从奶茶店门口走好不好，说不定什么时候又有那个杯子呢？

心理学研究成果：

威廉·詹姆斯在1890年出版的《心理学原理》中认为，行为必须不间断地重复才能变成习惯。而伦敦大学学院健康心理学家费莉帕·勒理的研究则发现，无论是在习惯形成的早期还是后期，如果中间缺少短暂的一天或半天的重复活动，对习惯的形成并没有太大的影响。而英国谢菲尔德大学的心理学家克里斯托弗·阿米蒂奇则有着相反的发现，他认为，如果让参与者停止一个星期持续活动，自动化的效果就会打很大的折扣。

余老师说一说

从很多科学家的最新研究中发现，一种习惯的养成并没有绝对固定的时间。这是因为每个人都存在个体的差异性，对某种行为或思想不可能有相同的接受能力和反应。对于希望养成某些习惯的人们来说，只有坚持才能获得成功。

赵乐乐经过奶茶店门口回家的时间并不长，但他已经不自觉地习惯从这里回家。这不仅是因为他想看看那个杯子，还因为经过几天的重复之后，他潜意识里回家的路线发生了改变。

每种习惯的形成并没有特别固定的时间，如果你有坚定的意志，有着清晰的目标，只要坚持，这种习惯迟早会形成。

第三节

解密习惯形成的过程

成功的人这样说，量的积累可以产生质的飞跃。

任何习惯的形成都与条件反射有关。一个动作和一种思维多次重复后，就会形成一定的思维或者行为定式。

人们通常会把习惯形成的过程分成三个层次。第一个层次也是最低的层次是“不自觉阶段”。这一阶段个体并没有自觉期望养成某种习惯，而是在外力不断强化和监督下形成某种条件反射。例如一个人每天早晨7点必须起床，但自己并不愿意，每天必须在闹钟或是家人的提醒下才能醒来。不久之后虽然习惯在7点起床，但仍需要提醒。这就形成了最低层次的习惯。第二个层次是“自觉行为”。这一阶段当某种习惯初步形成后，个体内部开始自我监督，身体的各个方面开始配合这一习惯。这一时期虽然不需要家人或是闹钟提醒，但仍然需要用意志力来监督自己。如果遇到天气突变等意外情况，虽然已经习惯早起，但还是会有一丝犹豫。第三个层次是“自动化”。这一阶段原已形成的习惯几乎达到了类似本能的程度，不需要监督，也不需要意志努力，会自觉完成习惯性的行为。这个时期才是习惯形成的稳定时期。

听来的故事

在古罗马时期，牵引一辆战车的两匹马的尾部宽度加起来是四英尺八点五英寸。因此，罗马人在制作战车的时候就把战车车轮的轮距设定为四英尺八点五英寸。这样的设计，较好地发挥了战车的战斗力。

当时，罗马统治了整个欧洲。当他们到达英国的时候，罗马人在英国铺设的马路是为了他们驾驶的战车设计的，因此这些马路的车辙宽度也是四英尺八点五英寸。罗马人撤离英国后，这些道路很少有车辆能通过。因为任何其他轮宽的车子在这样的路上行驶，车轮都会受到较大的损坏。

随着工业的进步，人们发明了电车。可是，最先建造电车的人曾是造马车的。所以，电车的轮距标准沿用了马车的轮距标准。而早期的铁路又是由造电车的人所设计的，因此，四英尺八点五英寸又成了现代铁路两条铁轨之间的标准距离。

今天，美国航天飞机燃料箱两旁的两个火箭推进器的宽度，也是四英

尺八点五英寸。原因很简单，因为这些推进器造好后要用火车运送，路上要经过一些铁路隧道。这些隧道的宽度只比火车的铁轨宽一点，因此，火箭助推器的宽度是由铁轨的宽度所决定的。

这个故事告诉我们，两千年前两匹马尾部的宽度决定了美国航天飞机火箭助推器的宽度。

我们班的故事

陈偃松的书包就像机器猫的口袋一样，里面什么东西都有。从一年级开始，全班同学要是没有带文具、作业本、跳绳、创可贴等必需品，都可以到陈偃松那里找到。大家都叫他“机器猫先生”。

陈偃松很乐意借东西给别人，但不喜欢大家叫他“机器猫先生”。

这一天，王老师上数学课的时候讲到多边形，他用一根橡皮筋在手里拉动着变换出了不同的图形。一根普通的橡皮筋让大家对多边形有了深刻的印象。下课的时候王老师说：“明天你们每人都带一根橡皮筋来，我们一起做出更多的多边形。”

第二天，快上课的时候很多人才想起来王老师要求带一根橡皮筋来，苏晓庆第一个跑到陈偃松面前：“快，给我一根橡皮筋。”

陈偃松从书包里拿出一根橡皮筋递给他。

又有几个同学跑了过来：“快，给我一根橡皮筋。”

陈偃松把剩下的几根都给了他们。

赵乐乐最后跑了过来：“快，给我一根橡皮筋。”

陈偃松说：“没有了。全被他们拿走了。”

赵乐乐生气地推了陈偃松一掌：“你知道我上课都不带这些小东西，还不给我留一根。你还是不是我的朋友？”

陈偃松委屈地哭了。

留言板

赵乐乐：（哭）陈偃松，对不起，我不该推你。

陈偃松：没关系，明天我给你带橡皮筋。

苏晓庆：陈偃松，以后你不要替大家带这些小东西到学校去了。这些年我们都养成依赖你的习惯了。这样不好。

陈偃松：（笑）我愿意为大家做事。

苏晓庆：这几年我们大家都习惯让你做，我们什么都没为你做。对不起。

李小梅：对不起。

赵乐乐：对不起，明天我带你喜欢的漫画书给你看。

陈偃松：太好了。谢谢你！

赵乐乐：不过，你只能在学校看，不能带回家。

陈偃松：（问号）为什么？

赵乐乐：我怕你养成习惯，以后把我的书都带回你家去。

陈偃松：（打人）

心理学研究成果：

不同的科学家对习惯的形成有不同的看法。

威廉·詹姆斯在1890年出版的《心理学原理》中认为，行为必须不间断地重复才能变成习惯。也就是说，必须持续不断地反复进行同样的活动才能建立习惯。

余老师说一说

上面的这段文字是不是有些难以理解？因为其中用了很多我们并不熟

悉的专业术语。简单地说，就是人对一个事物的熟悉程度越高，反应速度或者解决问题的速度就越快。

我们每个人都熟悉回家的路，因为这条路我们走了不止一次。每天这样走来走去，我们对这条路就有了依赖，这种依赖就是习惯。

同学们之所以会对陈偃松产生依赖，正是因为陈偃松每次都满足了他们，为他们提供了所需的物品。这就是习惯的力量。当我们一次次做出相同的选择时，我们就已经养成了某种习惯。

因此，当我们对某一件事一而再、再而三地重复的时候，一种习惯马上就要形成。

第四节

建立习惯三步走

成功的人这样说，一位70多岁的诺贝尔奖获得者在回答记者提问时说，我在幼儿园学到了最重要的东西。在那里我学会了要把自己的东西分一半给小伙伴、不是自己的东西不要拿、东西要放整齐、吃饭前要洗手、做错了事要道歉、要仔细观察周围的大自然。

习惯是可以培养的。但习惯不是短时间能够形成的。

行为心理学研究表明，21天以上的重复会形成习惯。90天的重复会形成稳定的习惯。同一个动作重复21天后就会成为习惯性动作，同一个想法重复21天后也会成为一种习惯性的观念。这一过程分为三个阶段。

第一阶段：1～7天，这一阶段必须时时提醒自己“我想做”，行为或者想法不自然，甚至会不舒服。必须有人提醒和监督。第二阶段：7～21天，这一阶段相对稳定，由“我想做”变为“我能做”，行为或者想法变得自然，比较舒服。但如果不坚持，很容易回到从前。第三阶段：21～90天，这一阶段较为稳定，已经形成习惯，由“我能做”变为“我要做”。行为或者想法已经成为生命中的有机组成部分。不需要监督和提醒，也不需要意志力的控制，能够自然重复。

当我们已经确定习惯能够培养，了解了习惯形成的原因之后。我们可以为某种习惯的养成制定切实可行的步骤。这些步骤大致可以分为三步：第一步，我想做；第二步，我能做；第三步，我要做。这三个步骤中包括：设定目标、制定计划、记录进展、定时总结、及时鼓励、奖励自己、发现自己等内容。

听来的故事

一位著名的逃脱大师应邀到一个小镇表演。这次的演出和以往一样非常成功，所有的观众都被他的精彩表演吸引。

演出结束后，小镇上的居民意犹未尽。他们希望大师能再给他们加演一个节目，大师欣然同意了。

小镇的居民拿来一个铁皮制成的箱子。这个箱子只有一扇门，这扇门从里面被锁住了。箱子的顶端有个洞，刚好够一个人进出。他们要求大师从上面的洞里钻进箱子，打开门上的锁后从门口出来。

大师仔细观察了那把锁，这是一把极其普通的锁，比他以前遇到过的锁都简单得多。他又检查了箱子，箱子上也没有什么特殊的地方，大师点头同意了。小镇的居民把箱子搬到广场上，从里面把箱子锁好。

大师顺着梯子爬上了箱子顶端，他站在箱子顶上微笑着向观众挥手致意，一副胸有成竹的样子，紧接着他低头钻进了箱子。

箱子里虽然很黑，但大师毫不慌张。他摸索着用之前他最常用的方法试着想把锁打开，但却丝毫没有效果。他冷笑了一声，换了一种方法继续开锁。可是，这种方法也不行。大师愣住了，他沉默了一会儿，用他能想到的开锁办法都试了一遍。可是，锁好像有意跟他作对，依然纹丝不动。

时间过去了很久，大师已经满头是汗，他能想到的方法都已经试过了。他颤抖着手喃喃地说：“奇怪，这把锁为什么打不开？”

小镇的居民见箱子里的大师长时间没有动静，便开始窃窃私语，有的观众站起来，想看看发生了什么事。听到外面的喧哗声，大师一下子瘫倒

在箱子里，呆呆地望着那把锁。

就在大师坐下时，他的脚恰好碰到了门，只听“吱呀”一声，那扇门竟然开了，一束阳光照了进来。

大师恍然大悟，原来小镇的居民跟他开了一个玩笑：这扇门根本就没有上锁，那把所谓的锁不过是个外表像锁的东西罢了。

困住逃脱大师的并不是这把锁，而是他心里的锁。因为在他看来，关住的门一定是被锁住的。而恰好门上又有一把锁，所以大师丝毫不怀疑自己的判断，只想到用自己擅长的方式来解决问题，绝不会在锁打开之前去推那扇门。

困住大师的不是门上的那把锁，而是他的习惯。

我们班的故事

每个星期一的英语课，陈老师都会留出一点时间让大家说一说周末都吃了什么好吃的。大家很喜欢陈老师用这样的方法训练同学们的口语表达，每次上课都争先恐后地发言。

赵乐乐一次也没有举过手。虽然他很喜欢吃，但英语却不好。每次他都想把自己吃到的美食介绍给大家，却不知道该怎么说。这个周末，爸爸留学国外的同学到家里来吃饭，赵乐乐连忙向他请教，费了好大力气，终于学会了麻辣小龙虾怎么说。

这是这个学期最后一节英语课了。整整一节课赵乐乐都很专心，他要在陈老师提问的时候第一个举手，告诉大家他吃到了很辣的小龙虾。

可是，直到下课铃声响起，陈老师都没有提问大家周末吃了什么美食。下课了，赵乐乐冲到陈老师面前，说："陈老师，您还没问周末都吃到什么好吃的呢。"

陈老师笑着说："上节课我不是说过了吗，说了一学期吃的，你们能说的都说得差不多了。下学期开始，我们说说哪里好玩。你回去好好准备，争取第一个发言。"

赵乐乐想告诉陈老师他学会了用英语说"小龙虾"，但他张了张嘴，却什么也没说。

留言板

赵乐乐：（生气）我不想上学了。

李小梅：（笑脸）你是不敢参加期末考吧？

赵乐乐：（打人）你才不敢参加期末考。

苏晓庆：赵乐乐，这个周末我们一起复习。你这学期很努力，期末会考好的。

赵乐乐：（调皮）期末考有什么啊，我不怕期末考。

李小梅：那你为什么不想上学了？

赵乐乐：（大哭）我学会了用英语说小龙虾，可是陈老师今天不提问了。

苏晓庆：上一节课陈老师就告诉大家今天是复习，不提问了，你没听到吗？

赵乐乐：（尴尬）呵呵，呵呵，我忘了。陈老师提问了一个学期，我以为她今天还会问呢。

李小梅：哼，你以为陈老师和你一样是马大哈啊？

赵乐乐：（打人）李小梅，你才是马大哈！

心理学研究成果：

研究发现，当信息进入大脑后，经过一系列的处理会使行为更加精确、平稳和可靠。之后重复或者新增加的信息会和前面已经储备的信息一起相互认识、配合，最后协调一致。最初这种信息的配合处理时间长，反应速度缓慢，但重复多次后，反应会加快，配合会呈现出定型化、自动化的特点，习惯于是就产生了。习惯是由于行为一次又一次的重复而形成的。而且在习惯形成的活动过程中，可以同时参与其他活动。

在多种活动同时进行的过程中，某一个活动长时间重复也可以形成习惯。这种习惯并不受其他行动的干扰，有自身的规律。

余老师说一说

锁住大师的那把“锁”其实是大师心里的锁。很多人的心里也有一把这样的锁。我们总是习惯用经验和想当然的角度和方法去看待问题、解决问题。赵乐乐就犯了这样的错误。

其实，有的事情并不如想象的那么复杂，就像那扇只要用脚轻轻一碰就开的门。很多时候，困住我们的并不是事情本身，而是我们自己的思维方式。

一、我想做

成功的人这样说，在一个崇高的目标支持下，不停地工作，即使慢，也一定会获得成功。（爱因斯坦）

听来的故事

撒哈拉沙漠中有一个著名的旅游胜地比赛尔。这里独特的风光每年都会吸引大批的游客，较大幅度地拉动了当地经济的增长。谁也想不到，很久以前这里只是一个荒凉贫瘠的地方。

比赛尔地处沙漠的中央，在一望无际的沙漠里，四处都是沙子，一点儿可以参照的东西都没有，人很容易迷路。

有一天，一个年轻人来到了这里。他无意中走入沙漠，发现了景色异常优美的比赛尔。但周围都是沙漠，一片黄沙接着一片黄沙，没有一条成形的道路。年轻人并没有急于走出沙漠，而是等待天黑之后，他在天幕上找到北斗星，并以北斗星为参照物，终于成功地走出了这片沙漠。

人们把这位年轻人当成了比赛尔的开拓者，他的铜像被竖在小城的中央。铜像的底座上刻着一行字：新生活是从选定目标开始。

一个成功的人通常都是先锁定一个目标，然后为了实现这个目标做出种种努力。辛勤地耕耘和播种才能有收获的那一天。

我们班的故事

陈偃松带来一块写着“距离期末考试”几个字的牌子，他说，这个可以用来倒计时，让我们就知道距离考试还有几天。他把牌子挂在教室后面，用红色的粉笔在中间的空白处写了一个大大的“9”。然后问大家：“你们现在是不是有了紧迫感？”

“应该写10。”赵乐乐跑过来说，“10天以后就放假了，大家更期待放假。”

陈偃松不高兴地说：“请注意，我做的是考试倒计时牌，不是放假倒计时牌。”

大家争论起来，有人同意考试倒计时，也有人同意放假倒计时。这时，陈老师进来了，问清楚大家争论的问题后，她笑着说：“其实，无论是把这个牌子当

作放假倒计时牌还是考试倒计时牌，你们只要有一个目标就好。因为有了目标，大家才知道应该往哪里去努力。赵乐乐，你的目标是什么？”

赵乐乐笑着说：“我的目标是等待放假。当然，我会先考好期末考试的。呵呵，玩什么我自己说了算，考什么只能听老师的。所以，我还是更喜欢玩。”

大家都笑了起来。陈老师也笑了。

留言板

赵乐乐：（大笑）距离放假还有4天时间。

李小梅：你的数学复习好了吗？

赵乐乐：反正我把练习册又看了一遍，如果王老师出的题目刚好是我看到的就好了。

苏晓庆：（坏笑）你是不是觉得每次考试老师都在和你作对，他们出的题目都是你不会做的。

赵乐乐：（拥抱）太对了。知我者苏晓庆也！

陈偃松：那你还不快去复习？

赵乐乐：（无奈）我就担心我复习的内容没考到，白浪费时间。

李小梅：赵乐乐，你长大以后想做什么？

赵乐乐：（大笑）我要做一个旅行家，走遍世界各地。

苏晓庆：为了实现这个目标你要做很多事。你要学习外语，否则到了别的国家你寸步难行；你要学习地理，否则你到了哪里都不知道；你要学习数学，否则外币换算你都会弄错；你要锻炼身体，否则你没有体力去爬山……

赵乐乐：够了，够了，太可怕了，你再说下去我就没有目标了。

李小梅：快复习去吧，你现在的目标应该是考试。只有把现在该做的事情做好，才能达到你的下一个目标。

陈偃松：（玫瑰）李小梅，你说得太好了。

苏晓庆：（调皮）我说的不好吗？

陈偃松：（鬼脸）我还是觉得李小梅说的比你好。

心理学研究成果：

爱达荷州大学达蒙·伯顿的调查研究发现，人们对于生活的满意度与人们成功实现目标的能力之间有着直接的关系。当人们实现了自己的既定目标后，通常能够获得更多的幸福感。这是因为当目标确定后，人们的压力会更小，焦虑更少，也更容易集中精力去做事。因为集中精力做事，做事的效率就会得到提高，人们就容易获得自信和成就感，于是就能有更加优异的表现。

余老师说一说

有人曾经做过一个著名的实验，教练把一队成绩相差不大的跳高运动员分为两组，对其中的一组说：“你们能跳过六尺五寸。”然后对另一组说：“你们能跳得更高。”两组队员训练几天后，第一组因为有六尺五寸这个目标，每个人都跳得很高。而第二组因为没有具体的目标，除了少数人跳过了六尺，其余的人只跳了五尺多一点。

能够跳过六尺五寸的这一组因为有一个具体的目标，他们清楚自己努力的方向，经过努力都成功了。而另一组看似有更大的提升空间，但因为目标模糊，让大家的训练随意而缺乏严格的要求。

当我们制定好目标后，潜意识中就会产生一种强烈的实现愿望的勇气和力量。明确了自己的目标，也就明确了自己的责任。目标就像是一台强有力的发动机，促使我们不断前进。

习惯的形成和目标有很密切的关系，某种习惯的形成，一定是为了达到某个目的而做出的努力。只有当我们设定了切实可行的目标，并对这个目标产生兴趣，有了强烈的“我想做”的愿望，我们才会一遍又一遍去重复为了实现目标而做出的努力。

二、我能做

成功的人这样说，想得好是聪明，计划得好更聪明，做得好是最聪明又是最好的。（拿破仑）

听来的故事

放假了，卢卡对爸爸说：“我想去露营。可以吗？”

爸爸说：“把你的计划告诉我，我再决定你能不能去。”

卢卡告诉爸爸：“我和迪姆想到公园的露营广场去露营。我们只需要一个帐篷就够了。”

“你们打算在那里待几天？”

“就一天。听说明天晚上有流星雨，我们想在露营广场和大家一起看流星雨。”

“你们打算睡觉吗？”

“嗯，那我还需要带一个睡袋。”

“你们吃饭的问题怎么解决？”

“迪姆会带上他妈妈做的三明治和汉堡。如果我妈妈愿意，我也可以请她给我做一些。”

“那里有饮用水吗？”

“不知道，但我会带两瓶水去。一天时间应该够了。”

“如果安装帐篷的时候手指划伤怎么办？”

“我会戴手套，再准备几个创可贴。”

“晚上那里的照明情况怎么样？”

“我会准备一个手电筒。迪姆会带一个营地灯。”

“你打算穿什么衣服去？”

“听说晚上的气温低，我会穿羽绒衣和毛衣。”

爸爸递给卢卡一张纸：“你刚才提到的东西我都替你记在上面了。出发的时候记得给手机充满电，有问题可以随时联系我。”

这是一个德国普通家庭的父子对话。严谨的德国人对孩子的教育注重细节。即使是一次心血来潮的露营，父亲也会用这样的方式提醒孩子要有一个完整的计划，不要在遇到问题的时候束手无策。久而久之，孩子就会习惯用这样的方式去思考，慢慢让自己成为一个思维缜密、行动谨慎的人。

我们班的故事

明天就是元旦，李小梅买来很多贺年卡，准备送给同学。

下课的时候，她拿出一沓贺年卡，请同学们挑选。陈偃松挑了一张上面有课程表的贺年卡，对李小梅说：“就要这张吧，我可以把下个学期新的课程表抄上去，每天带到学校来。”

赵乐乐听到了，对陈偃松说：“你小声点儿，王老师每到新年就让我们写一年的愿望和计划，每年都写，烦死了。要是她听到你在准备下个学期的新课程表，说不定也要我们准备呢。”

陈偃松说：“提前准备没有什么不好啊。如果你去春游的时候没有带吃的，也没带钱，你就只能饿着回来。”

“你以为我只知道吃啊？”赵乐乐不高兴地说，“我只是不喜欢做什么事情都要预先做很多计划，还要严格按照这些计划去做，烦死了。苏晓庆，你说对不对？”

苏晓庆摇摇头：“不对，我也不喜欢严格按照计划去做事，但是没有计划也不行。要是没有计划，这个世界上很多事情都会乱套的。”

上课铃响了，王老师走进了教室，她把手里的一沓彩色纸发给大家，然后说：“明天就是新的一年的开始，请你们在这张纸上写下你的新年愿望和这一年的计划……”

大家都看着赵乐乐笑了。王老师奇怪地问：“你们在笑什么？”

赵乐乐连忙说：“马上就过新年了，他们高兴呢。”

留言板

李小梅：赵乐乐，新年快乐！昨天你忘了挑贺卡了。

赵乐乐：（大笑）谢谢你，新年快乐！

苏晓庆：赵乐乐，你昨天写的新年愿望是什么？说出来让我们快乐快乐。

赵乐乐：（噤声）不能说，说了就不灵了。

李小梅：我猜你写的是新年每天都有好吃的。

赵乐乐：（大笑）不是。

陈偃松：赵乐乐，你肯定什么也没写。

赵乐乐：（惊讶）你怎么知道的？

陈偃松：你不喜欢按照计划做事，所以你就什么也不写。连名字也没写。

赵乐乐：（得意）说实话，我不知道我该有什么愿望。我写我要吃遍全世界的美食，你们说我是吃货；我写我要做一个宇航员，你们说我是空想。愿望都没有，怎么写计划？那我干脆什么都不写，看你们还有什么好说的。哈哈，王老师看到那张空白的纸，肯定猜不出是谁干的。

苏晓庆：赵乐乐，王老师可没你那么傻，她只要按照点名册一查就知道谁没有写名字。哼哼，这下你惨了。

赵乐乐：（大哭）苏晓庆，今天是新年的第一天，你就不能说点吉利话吗？

苏晓庆：（大笑）赵乐乐，祝你新的一年大吉大利！

赵乐乐：（大笑）王老师别再问我今年的计划是什么，就是大吉大利。

心理学研究成果：

在重复反应变成习惯时，神经中枢和小脑的活动会增加，行为的控制得到改变。通常我们的行为需要有意识地去进行，但形成习惯的行为会渐渐脱离有意识去完成目标的初衷，变成自动化的习惯模式。

余老师说一说

制订计划是培养习惯的重要一环。

虽然没有制订计划最终成功的例子也时有发生，但大部分成功的案例告诉我们，制订一个切实可行的计划，通常是达到一个目标的前提。往往因为计划的制订不合理或是执行的过程不顺利，人们对制订计划失去了信心。

美国著名作家赛瓦里德说：“当我放弃我的工作而打算写一本25万字的书时，我从不让自己过多地考虑整个写作计划涉及的繁重劳动和巨大牺牲。我想的只是下一段，而不是下一页，更不是下一章如何去写。整整6个月，我除了一段一段地写，我没想过其他方法。结果书自然写成了。”赛瓦里德的成功看似和计划没有关系，但当他写完一段，马上进入下一段的时候，其实是把25万字的书分成了很多个以段为单位的小目标，然后一个目标一个目标去完成和实现。

其实，这也是完成计划的一种方式，任何成功都不是一蹴而就的事。许多人做事之所以会半途而废，是因为目标巨大，计划烦琐。如果我们学会将大的目标分解为小目标，将宏大的计划分成若干个小计划，就可以让我们清楚当前该忙什么，怎样才能做得更好。

如果王老师只是让赵乐乐写一周的计划，他或许就不会那么抵触，愿意养成做计划的习惯了。

三、我要做

成功的人这样说，做一件好事并不难，难的是养成一种做好事的习惯。（亚里士多德）

听来的故事

心理学家曾经做过这样一个实验：组织三组人，让他们分别向着10千米以外的三个村子进发。第一组的人既不知道村庄的名字，也不知道路程有多远，只跟着向导走就行了。刚走出两三千米，就开始有人叫苦；走到一半的时候，有人几乎愤怒了。

第二组的人知道村庄的名字和路程有多远，但路边没有里程碑，只能凭经验来估计行程的时间和距离。当走到全程3/4的时候，大家情绪开始低落，觉得疲惫不堪。

第三组的人不仅知道村子的名字、路程，而且公路旁每隔1千米都有一块里程碑，人们边走边看里程碑。行进中他们用歌声和笑声来消除疲劳，情绪一直很高涨，所以很快就到达了目的地。

人们在行动和思考问题的时候，就像是踏上了一段遥远的路程。如果缺少“里程碑”，就会对今后将面临的问题一无所知，不知道往后将会发生什么。对未来的不可预期会令人恐惧和丧失信心。因此，如果要踏上一条理想之路，我们要学会为自己制作“里程碑”，学会将前面那个看似巨大无比的难题分解为一个个小难题，然后逐一解决。这样做的结果，会让我们更容易体会到成就感。

我们班的故事

新学期到了，陈老师给我们每人发了一本“成长纪念册”。

李小梅说：“我家里也有一个成长纪念册。上面有我刚出生时候的小脚印和小手印。”

赵乐乐大声说：“我也有。我两只手和两只脚都印上去了。”

苏晓庆也说：“我的那个本子上不仅有手印和脚印，还有我妈妈每天给我写的日记。”

陈偃松好奇地问：“你妈妈都写了些什么？”

苏晓庆认真地说：“她记录了很多我的第一次。我第一次叫爸爸妈妈，第一次走路，第一次摔跤，第一次打预防针，第一次去动物园，第一次独自吃饭……”

陈老师问：“有没有哪一次让你特别感动？”

苏晓庆点点头，说：“有。妈妈写我第一次去幼儿园。我跟妈妈说完再见后就一直站在门口，以为妈妈走了马上会回来，谁拉我我都不进去。老师只好让我在幼儿园门口坐了一天。”

大家七嘴八舌说了很多自己小时候的趣事。

陈老师等大家安静下来后缓缓地说："你们说的都不错。每个人长大的过程都会留下一些印迹，苏晓庆妈妈记录的就是他成长的足迹。今天发给你们的这本成长手册就是用来记录你们新学期的脚印的，我希望大家如实记录，期末的时候看看我们都有哪些进步。"

大家都点头说好，赵乐乐大声问："陈老师，我要是没有进步写什么呢？"

陈老师对赵乐乐说："每一天都是不一样的，只要你用心去感受，去发现，就会有值得记下来的事情。"

留言板

赵乐乐：苏晓庆，你今天的成长记录册上写了什么？

苏晓庆：我写了帮助赵乐乐同学完成作业。

赵乐乐：哼，我知道好几个人写的都是我。你们都写帮助我，弄得我好像是个差生一样。

李小梅：我就没写你。我写的是陈偃松放学以后帮助赵乐乐打扫卫生。

赵乐乐：（愤怒）这还是在写我。

苏晓庆：李小梅，你偏题了。成长记录册要写自己的事情。

李小梅：（调皮）我写的是，看到陈偃松帮助赵乐乐，我深受感动。这个算不算是写自己？

赵乐乐：我就不明白了，记录下我们的每一天做了些什么有什么意思。不记录我们照样能长大。

陈偃松：记录下来的每一件事可以让我们反省自己，做的对还是不对。

苏晓庆：（调皮）等我们老了的时候翻开看看也不错啊。反正我现在已经习惯写日记了，每天不写就睡不着。

赵乐乐：（大笑）哈哈，我把你们说的话都记下来了。今天的记录完成了。

谢谢各位，晚安！

心理学研究成果：

人们在实现目标的过程中，会由于目标过于遥远和宏大而失去信心。如果能够记录下前期的进展，不仅能够让人们了解目前所取得的成绩，发现前期存在的问题，还能让人们对以后的工作更有预见性和信心。

余老师说一说

有人曾对哈佛大学的某个毕业班进行了一项调查。这个班级中80%的毕业生在校期间埋头学习，认真钻研，对本专业的了解很深入，但这些人没有明确的目标或是抱负。这个班级中有15%的毕业生对自己的未来曾经有过设想，他们为将来有着这样那样的考虑，但这些设想和考虑只是想想而已，并没有真的去落实。而班级中有大约5%的毕业生书面记录了自己的目标和梦想。他们非常清楚自己学习的目的和为实现目标所需要付出的代价，当他们慎重地将自己的目标写下来时，他们已经决定为此做出最大的努力。毕业30年后，用资产来衡量这个班级的毕业生，其中那些当年记录下自己目标的毕业生不仅超额实现了自己书面记录下的目标，而且他们整体拥有的净资产也远远超过了其余95%的班级成员所拥有的资产总和。

目标和计划是形成习惯的前提。当我们有强烈的愿望时，就会自觉地去为实现目标做出努力。当你记录下你的愿望，这个愿望便会时时提醒你有一项任务需要去完成。而长期坚持的结果就会让你从最初的“我想做”，变成最终的“我要做”。

第五节

激活习惯的密码

激活习惯的密码，就是养成各种良好习惯的过程。儿童时期和少年时期是我们养成习惯的重要阶段。在这一阶段养成的良好习惯可以受用终身。

我们需要养成的习惯不外乎：学习习惯、行为习惯、思维习惯、交往习惯、健康习惯和生活习惯等。学习习惯是在学习过程中经过反复练习形成并发展成为一种个体需要的自动化学习的行为方式。良好的学习习惯不仅有利于激发我们学习的积极性和主动性，还有利于培养我们的创造能力。行为习惯是行为和习惯的总称。是在一定时间内逐渐养成的自动化的行为方式。行为习惯满足人的某种需要，可能有积极和消极的双重作用。良好的行为习惯对人们的生活和工作有着积极的作用。思维习惯是指个体在日常生活中思考问题时所偏爱的一种方式和方法。思维方式决定着我们的思想和行为。良好的思维习惯能够让人们充分地发挥自己的才能，获得更高的成就。交往习惯是人们相互交往中所表现出的态度、情绪和行为。良好的交往习惯是社会适应能力的一种体现，有助于建立良好的人际关系。健康习惯包括身体健康的习惯和心理健康的习惯。只有勤于锻炼并善于调控自己的情绪，才能真正成为一个身心健康的人。生活习惯通常是指人们日常生

活中的习惯，比如吃、穿、住、行，以及作息时间的安排等都能反映出一个人生活习惯的健康程度和行为特点。良好的生活习惯不仅能让我们身心愉悦，还有助于事业的发展和成功。

成功的人这样说，习惯是行为的女儿，不过如果女儿反过来养育母亲，并按母亲的模样生下自己的女儿，就更漂亮、更幸运了。（杰·泰勒）

听来的故事

古希腊哲学家苏格拉底思想深邃、思维敏捷，许多青年都慕名来向他学习，期望能成为像他那样有智慧的人。这些人中有很多天资聪慧、天赋极高的人。他们都希望自己能够脱颖而出，成为苏格拉底的继承者。一天，苏格拉底对大家说："你们跟我做一件简单的事，将胳膊尽量往前甩，再尽量往后甩。"他先示范了一遍，然后说："从今天开始，每天做300次，你们能做到吗？"学生们都点点头，大家觉得这是一件简单的事。

第二天，苏格拉底问："昨天甩胳膊300下的人请举手。"大家全都举起了手，苏格拉底满意地笑了。

一周后，苏格拉底问了相同的问题，只有一半的学生举起了手。

一个月以后，苏格拉底再次问了这个问题，举手的只有为数不多的几个学生。

一年以后，当苏格拉底再次问起这个问题的时候，只有一个学生举起了手。这个学生就是后来成为希腊另一位伟大哲学家的柏拉图。

我们班的故事

赵乐乐整个上午都闷闷不乐，苏晓庆问了他好几次，他才小声地说："下午体育课要考立定跳远，我恐怕会不及格。"

苏晓庆边拉着赵乐乐就往外走，边说："别担心，现在我就陪你去练习。"

赵乐乐担心地问："现在练习还来得及吗？"

"不练肯定不行。临阵磨枪，不快也光。先练一练再说吧。"苏晓庆推着赵乐乐往外走。但不一会儿，赵乐乐一瘸一拐地回来了。苏晓庆满脸沮丧地扶着他，赵乐乐看起来却很高兴。

李小梅好奇地问："怎么了？"

"苏晓庆让我练习立定跳远，我扭到了脚。"赵乐乐笑嘻嘻地说，"我的脚受伤了，今天的体育考试就不用参加，不会不及格了。"

下午，大家都上体育课去了，赵乐乐独自留在教室里。他第一次觉得一个人待在教室里也挺好的。

下课后，大家回来了。李小梅告诉赵乐乐："老师让你脚好了再补考。"

赵乐乐沮丧地说："还以为老师会让我不考了呢。"

苏晓庆鼓励他说：“从今天开始我做你的教练。一定要让你立定跳远及格。”

赵乐乐瞪大了眼睛，说：“刚才跟着你练习我扭伤了脚，要是再接着练下去，后果不堪设想。”

苏晓庆连忙说：“以后的训练我会注意。我要让你自己养成运动的习惯。你有了运动习惯，体育成绩自然就提高了。”

赵乐乐无奈地点点头，说：“那就这样吧。”

留 言 板

赵乐乐：我刚才回家上楼用了十分钟，累死我了。等我的脚好了，我要努力锻炼，成为一个运动健将。

李小梅：（偷笑）呵呵，运动健将就算了。你每天运动运动不仅可以不害怕体育考试，还可以减肥。一箭双雕啊。

赵乐乐：哼，你见过瘦的举重运动员吗？说不定，我以后可以成为一个举重运动员。

李小梅：（调皮）你还可以去做相扑运动员。

赵乐乐：（生气）你才是相扑运动员。

苏晓庆：别吵了。明天我们就训练吧。

赵乐乐：（惊讶）明天不行，我的脚还疼呢。

苏晓庆：（阴险）你刚下定决心，要趁热打铁。明天我们练习仰卧起坐，脚疼也可以做。先让你养成运动的习惯就好。

李小梅：赵乐乐，说话呀。

陈偃松：赵乐乐，答应他，我陪你一起练。

苏晓庆：唉，这个胆小鬼，一定是被吓跑了。

心理学研究成果：

美国心理学家、行为主义心理学创始人约翰·华生认为，不良习惯的产生至少有四种深层的心理原因。

第一，隐藏自卑。华生认为每个人都有自卑感，为了免去自卑感所带来的痛苦，因此人们便发展出隐藏自己负面信息的习惯。比如说，夸大自己的优点，而避谈缺点。

第二，易取信于谗言。华生认为人们虽然都谨记着“防人之心不可无”的警世明训，但是一旦面对他人的谄媚，防御的盔甲总禁不起一击。

第三，具有竞争心。华生认为人人不断地想称王、争第一，因此便发展出许多不良习惯。例如，面对比自己强的人总是鸡蛋里挑骨头。

第四，婴儿期的滞销品。华生提到有些习惯是婴儿期发展所滞销遗留下来的，也就是孩子的行为发展并没有跟上其实际年龄。例如，到了上小学的年纪，却仍然含着奶嘴。

如果将这四点倒过来就可以得到四项良好习惯原则：坦然面对自己的短处而不夸大；不听信华而不实的谄媚话语；虚心且不汲于名利；符合年龄的习惯才是好习惯。

余老师说一说

习惯是可以养成的。

查斯特·菲尔德爵士曾说：“最大的成功者不是那些嘴上说得天花乱坠的人，也不是那些把一切都设想得尽善尽美的人，而是那些脚踏实地去干的人。”无论做什么事，只是用嘴说最终都不能实现目标，必须要用实际行动来完成。如果只是每天憧憬着未来的愿景夸夸其谈，就无法达到目标。

习惯的培养也同样，如果只是一时的兴趣，不能坚持下去，良好的习惯是无法培养起来的。

第二章

学习习惯密码

学习习惯是一点一滴培养起来的，良好的学习环境，明确的学习目标，持之以恒地努力，正确的方法都是培养学习习惯不可缺少的部分。

学习习惯是在学习过程中经过反复练习形成并发展成为一种个体需要的自动学习的行为方式。良好的学习习惯不仅有利于激发我们学习的积极性和主动性，还有利于培养我们的创造能力。

中小学生的学习习惯包括：课前学习习惯、课堂学习习惯和课后学习习惯。中小学生的学习习惯并非先天遗传得来，而是通过后天的学习养成的。这种后天形成的习惯需要有针对性地进行某项活动的反复训练，最终使这个行为具备一定的倾向性。学习习惯的形成虽然缓慢，没有明显的外部表现，但一旦形成就会自觉稳定地保持很长时间。

成功的人这样说，决定一个人学习成绩的因素主要有三个方面：天赋、学习条件和习惯。在天赋与学习条件都相差不大的前提下，习惯成为成绩优异的必要条件。

听来的故事

雅格是一个单亲家庭的孩子。他邋遢，贪吃，不爱学习。同学和老师都不喜欢他。

有一天，雅格偶然在图书馆里发现了一本杂志，上面有一个做曲奇饼干的点心谱。回家后，他按照点心谱上提供的方法，成功地做出了曲奇饼干。

第一次做饼干大获成功，雅格有了更多的兴趣。他每周都会到图书馆去抄回一个点心谱，然后按照上面的要求制作不同的点心。因为要按照点心谱上的要求做点心，雅格发现数学、外语都很有用，他开始认真学习，结果各科成绩都有了很大的提高。他还学会在做点心的间隙做作业，做完点心后清洁厨房。

雅格的老师发现雅格进步很快，开始关注他；雅格在同学生日时为同学做了一个蛋糕，获得了更多的友谊；雅格去卖小点心的时候被坏孩子欺负，学会了该如何面对挫折。

雅格在制作点心的过程中学会了很多，最重要的是他学会了努力工作，永不气馁。他学会了捍卫自己，学会了自信。即使今后雅格不再做点心，这些已经养成的习惯足以让他自信地走向自己的未来。

我们班的故事

赵乐乐满脸紧张地找到苏晓庆，说：“你必须帮帮我。”

苏晓庆连忙问：“怎么了？”

赵乐乐小声地说：“我听王老师给我妈妈打电话，说我学习习惯不好。晚上回去我妈肯定要跟我谈话，你先告诉我，好的学习习惯都有什么，我回去好应付她。”

苏晓庆想都没想就说："这还不简单，上课专心听讲，按时完成作业，课前预习，课后复习，多读课外书……"

赵乐乐打断了他："这些我都知道，但做不到，有没有什么新一点的？能让我向我妈保证我能做到的？"

"每天上学。"苏晓庆笑着说，"我看你只有每天上学这一条做得最好。"

赵乐乐不高兴地说："你还是不是我的朋友？知道我今天回去肯定要被我妈骂也不帮我。"

苏晓庆想了想，说："要不，你跟你妈妈保证，每天做完作业后再多背5个英语单词，一天5个，一年就是1825个。只要两年的时间，你就是我们班词汇量最大的人。"

"5个单词，太简单了。"赵乐乐高兴得跳了起来，说，"这个我一定能做到。"

留言板

苏晓庆：赵乐乐，你今天的5个英语单词背了没有？

赵乐乐：（鬼脸）啊，忘了，我现在去背。

苏晓庆：赵乐乐，已经一个小时了，你的单词背完了吗？

赵乐乐：（鬼脸）啊，正在背。

李小梅：赵乐乐，一个小时你还没背完5个英语单词吗？

赵乐乐：（鬼脸）闲事婆婆，不要你管。

李小梅：（白眼）我才懒得管你，我是来看笑话的。某人不是说自己要成为学霸吗？一个小时没有背出5个英语单词的学霸还真少见呢。

赵乐乐：（生气）不要你管。

李小梅：（调皮）呵呵。

苏晓庆：赵乐乐，你已经一连三天没有背英语单词了。前几天背的你还记

得吗？

赵乐乐：（流汗）还记得几个吧。

李小梅：赵乐乐，你一定要记得每天复习，要不前面背下来的都会忘了。

赵乐乐：（流汗）知道了知道了，你们比我妈管得还要多。我这就去背。

心理学研究成果：

心理学家认为，学习习惯的培养与学生的生理、心理发展水平，非智力因素等有着直接的关系。因此，培养学习习惯应当遵循这样几个原则：

一、动机激发原则。教师和家长应当利用各种条件，采取多种措施，激发学生唤醒内在的需要，因势利导，促其养成良好的学习习惯。

二、稳定强化原则。形成习惯需要一个过程，在此过程中应当帮助学生稳定情绪，反复强化，使其不断巩固已有的习惯。

三、循序渐进原则。培养不同年龄学生的学习习惯的方式也有所不同。低年级主要是激发动机，形成习惯；中年级要注意习惯的巩固和拓展性习惯的培养；高年级则要注重个性化拓展性学习习惯的巩固和发展。

四、可持续发展原则。未来社会需要的是拥有接受继续教育观念的公民，良好的学习习惯可以让学生有持续学习的需要，能够让学生受益终身。

余老师说一说

雅格的故事是一个典型的学习转变个性的故事。因为对做点心有兴趣，雅格开始对与此相关的事物都产生了兴趣。这就是学习动机被激发的效果。每周做一次点心，让雅格无意中养成了不断学习和巩固的习惯。他在做点心过程中的每一次发现和思考，都使得这个过程不只是一个简单的做点心的过程，而成为改变他的个性和知识结构的重要过程。

赵乐乐想每天背5个英语单词成为学霸，并不是因为自己有很强烈的愿望，而是为了应付妈妈而临时决定的。所以他很难控制自己，难以建立起良好的学习习惯。

第一节 正确的学习习惯

成功的人这样说，什么是教育，简单一句话，就是养成良好的习惯。（叶圣陶）

传统意义上的学习习惯不外乎专心听讲，按时完成作业，认真预习复习等。这些学习习惯固然很重要，但随着时代的发展和进步，人们对于学习的概念有了更深的思考和理解。有研究者认为，除了必须有基本的学习习惯，如课堂学习中的预习、听课和完成作业等之外，还应当有拓展性的学习习惯，能将课堂学习延伸到课外和家庭当中去。将生活中的所见所闻，课外接收到的信息都作为学习的内容，学会利用信息，具有实践操作和解决问题的能力。

听来的故事

法国有一位著名的生物学家叫拉马克。拉马克小时候，他的父亲希望他长大以后做个牧师，于是就把他送到神学院去读书。

德法战争爆发后，拉马克应征入伍。后来，他因病退伍，在银行找了一份工作。拉马克打算做个金融家。

然而不久之后他爱上了音乐，整天拉小提琴，想要成为一个音乐家。但他的哥哥反对他学音乐，觉得他应该去做一个医生。于是，拉马克去学了4年的医，但却对做医生不感兴趣。

有一天，拉马克在植物园散步的时候遇到了著名的思想家和文学家卢梭。卢梭很喜欢这个年轻人，经常带他到自己的研究室去。从此，拉马克迷上了科学。

此后，拉马克花了11年的时间系统地研究植物学，写出了著名的《法国植物志》。35岁的时候，他当上了法国植物标本馆的管理员，致力于植物学研究。

拉马克50岁的时候开始研究动物学。在此后的35年中他只做一件事，就是研究动物学。因为在动植物方面出色的研究成果，拉马克最终成为一位著名的生物学家。

我们班的故事

王老师要求大家课前预习。赵乐乐觉得不合理，他对苏晓庆说："如果我课前已经知道要学什么，我在家自学就可以了，完全没必要再到学校来。"

苏晓庆不同意，他说："预习就好像我们看电影的时候看了一个预告片，知道大概要学习些什么内容，可以对自己不明白的地方多留意。"

赵乐乐笑着说："如果我看完预告片不想看这个电影了怎么办？"

苏晓庆也笑了："我举的这个例子可能不合适，但我想说的是，我们提前对王老师要讲什么了解了之后，可以轻松地跟上她的思路，懂了的地方加深印象，不懂的地方多加注意。"

"哼，你是王老师的好学生，当然说她好。"赵乐乐不以为然地说，"我也打个比方，我要到一个风景名胜区去玩，如果我预先知道那里有什么风景，那就一点惊喜也没有，我就没必要去了。"

陈偃松凑了过来，说："赵乐乐说的有道理，我也不喜欢预习。"

苏晓庆说："赵乐乐，你还记得我们上次到西山去迷路的事吗？如果我们去之前能够对那个地方有所了解，就知道后山有一条路可以下山，不用在山顶露宿一个晚上。”

赵乐乐反驳道：“哼，那天是因为我们玩得忘记了时间，天黑了找不到下山的路。根本不是因为我们不了解那个地方。”

“如果我们对那个地方很了解呢？”苏晓庆盯着赵乐乐的眼睛说，“如果我们知道有一条路可以下山，我们就可以努力找到那条路，而不是在山顶乱转。”

“你说的好像有道理。”赵乐乐低下了头。

苏晓庆拍了拍赵乐乐的肩膀，说：“所以，学着预习吧。不会的我可以教你。”

陈偃松连忙问：“我不懂的是不是也可以来问你？”

赵乐乐推开他，说：“你问王老师去。要是你们都来问苏晓庆，苏晓庆就比老师还忙，哪里有自己学习的时间。”

陈偃松嘟囔着说：“哼，你不是关心苏晓庆，是关心你自己。你担心苏晓庆没有时间教你。小气鬼。”

赵乐乐对他做了个鬼脸：“我就是小气鬼，你能怎么样？”

留言板

赵乐乐：苏晓庆，你出来！

苏晓庆：怎么了？

赵乐乐：你预习是不是把内容看一遍就可以了？

苏晓庆：原则上是这样。比如，我预习语文的时候会把课外阅读先读一遍，把生字勾出来，再找一找自己不懂的地方。第二天听课的时候注意听老师怎么解释，课后做作业就很少有不懂的地方了。数学我会先了解老师要讲的内容，找出我不明白的地方，第二天上课的时候不仅知道老师要讲什么，还知道自己要注意听什么。

赵乐乐：要是我看了一遍都没有不懂的地方怎么办？

苏晓庆：（调皮）那就说明你明天不用上学去了。

赵乐乐：（打人）……

苏晓庆：你怎么突然想起来要预习了？

赵乐乐：实话告诉你吧，我昨天提前看了一遍今天王老师要讲的内容，我发现没什么难的。今天她提问的时候我每个问题都举手了，王老师表扬我了呢。看来，预习还是有好处的。

苏晓庆：哼，你这是瞎猫碰到死耗子。我就不信你每次都能全部看懂。

赵乐乐：（得意）呵呵，我也这么想的。所以想问问你预习的时候都做了些什么啊。

李小梅：喂，你们说的都是真的吗？

赵乐乐：李小梅，我们说着玩呢，你千万不要相信。

陈偃松：李小梅，他们说的是真的。赵乐乐怕你也像他一样弄明白老师要讲什么，和他抢举手回答问题的机会。

赵乐乐：（愤怒）陈偃松，你这个小心眼。我才没这么想呢。我只不过跟李小梅开了个玩笑。

陈偃松：（鬼脸）不好意思，我也是开玩笑哦。

心理学研究成果：

有研究者认为，学习习惯的养成可以分为五个阶段：第一个阶段是学习习惯养成的“难以控制”阶段；第二个阶段是学习习惯养成的“直接强化”阶段；第三个阶段是学习习惯养成的“替代强化”阶段；第四个阶段是学习习惯养成的“自觉从众”阶段；第五个阶段是学习习惯养成的“相对稳定”阶段。专家认为，良好的学习习惯的养成要受到自身因素、家庭因素、教师因素、同伴群体因素的影响。学生养成良好的学习习惯需要家长、教师、学生的共同努力。

余老师说一说

学习习惯的养成和其他习惯一样，都是从不自觉的阶段慢慢过渡到自觉的阶段，最后达到自动的阶段。第一阶段的培养最为重要，只有在获得学习兴趣，找到学习目标后，学生才能够开始逐步习惯上课专心听讲、课前预习、课后复习和按时完成作业等行为。如果有了老师和家长的鼓励，第一阶段就会很顺利地过渡到第二阶段，当第二阶段持续进行下去，第三阶段就会自动形成。赵乐乐终于找到了预习的乐趣，这让他对学习有了兴趣。虽然这样的兴趣来源于获得鼓励和表扬，但只要能够坚持下去，对他的良好学习习惯的养成也是有益的。

兴趣是最好的老师，兴趣也是养成习惯的条件之一。

一、目的明确

荀子在《劝学》中提到："蚓无爪牙之利，筋骨之强，上食埃土，下饮黄泉，用心一也。"这句话我们通常理解为做一件事要专心。其实，这句话还有另一种理解，因为有了明确的目标，我们才能专心去做这件事。

昆虫学家法布尔一生致力于昆虫的研究，他观察昆虫的时候常常达到废寝忘食的地步。有一天，他从清早就趴在一块石头旁观察昆虫，直到太阳下山也没有离开。几个村民早晨去田里劳动时就看见法布尔在那里，到黄昏收工回来的时候，依然看到他趴在那儿。他们认为法布尔一整天都呆在那里简直是中了邪。

有一次，一个年轻人问法布尔："我把自己全部的精力都花在我爱好的事业上，但却收效甚微，这是什么原因？"

法布尔赞许地说："看来你是位献身科学的有志青年。"

年轻人说："是啊！我爱科学，可我也爱文学，对音乐和美术我也感兴趣。我把时间都分配给了它们。"

法布尔从口袋里掏出一个放大镜，阳光透过放大镜，在地上聚成了一个光斑。法布尔指着这个光斑说："就像这块凸透镜一样，把你的精力集中到一个焦点上试试看吧。"

散漫的阳光看似没有任何威力，但经过聚焦后，光线就可以点燃纸张或干草。如果我们进一步聚焦光线，例如激光光束的聚焦，它的巨大威力甚至可以切断钢铁。法布尔的实验正说明此道理。当太阳的光线通过凸透镜之后，聚集成一点的光线有了强大的力量。

由此可见，目的明确是所有学习习惯中最重要的习惯。这种学习习惯一旦养成，你就能够自动自觉地把很多事物都与正在学习的内容联系起来，不仅能够收到多种信息，还会让你自觉地对多种信息进行过滤加工和再造，对自己的目标定位进行修正，获得更大的进步。

二、勤于思考

勤于思考，就是要经常思考。许多同学说，很多问题我就是想一天也想不明白，还不如不懂就问。在小学阶段，由于我们的生理和心理条件的限制，社会经验与阅读经验不足，大家很难自己对很多问题找到答案。例如，学习这个知识有什么用、这个知识和其他知识有什么联系等。当我们想到这些问题的时候，我们的大脑就已经在思考了。

教育专家认为，一个善于提出问题的人，就是一个爱思考的人。从心理学角度说，提出问题就是对原有的知识和新学的知识之间进行对比，就是从正面或是反思的角度去思考，就是从概念、判断、推理等逻辑结构上去分析，就是从论述的原因和结果上去求证。在课堂上对老师提出的问题进行思考是一种思考，对老师的讲述提出问题也是一种思考。后者对于培养一个人的独立思考能力有着更重要的作用。

要养成独立钻研、善于思考的习惯，首先要有扎实的基本知识，整体把握学习内容，了解所学学科的知识结构体系，弄清楚所学内容在整体系统中的位置。

其次，要学会探询事物之间的内在联系。很多好学生的学习习惯其实并不可取，他们采用的是死读书的方式，对学习内容死记硬背。虽然能够考出高分，看似成绩突出，但因为没有弄清楚知识的来源和与其他知识的联系，如果继续深造将出现很多问题。学会探询事物之间的内在联系，需要对外界事物有较强的好奇心，也就是旺盛的求知欲。当我们对所学习的内容有着强烈的兴趣，渴求发现其中的规律时，我们才会去积极探究和思考。当这样的思考习惯养成之后，我们的思维能力就会得到更大的提高。

最后，良好的思维习惯是多种思维方式的灵活运用。任何事物都不是孤立存在的，我们学习新知识的时候要注意新旧知识之间的联想，多角度地去思考和看待问题，有意识地运用发散思维和逆向思维等思维方法去探究新的问题。

知识的掌握固然重要，但思维的训练比知识的掌握更能提高我们的智力素质。提高了智力素质，知识的学习会更加快捷有效。

三、温故知新

温故知新最早是孔子提出来的。《论语·为政》里说：“温故而知新，可以为师矣。”这句话的意思是，温习原来学过的知识会有新的发现，这样的学习方式是可以做老师的。

孔子虽然有着很高的音乐天赋，很多乐器都能演奏得炉火纯青。但他一直没有放弃过学习。某一年的阳春三月，他专门到临城去拜师襄为师，请教有关弹琴的问题。

师襄是鲁国的乐官，他在音乐理论上有很深的造诣。听说孔子来访，师襄连忙迎出大门，用上宾之礼接待孔子。两人见面后就谈到学琴的话题。师襄对孔子推心置腹，对弹琴的技巧等毫不隐瞒。谈话间，师襄还弹奏了一曲。孔子坐在一旁静静地听，他觉得师襄弹奏的这一曲非同凡响，指法、技巧已经脱俗超群，出神入化。

孔子就留在师襄的后轩学琴。一连三天时间都在练习师襄教他的曲子，没有再学习新的内容。师襄听孔子已经把曲调弹熟了，就来到后轩祝贺他说："不错，这个曲子你已经弹得很熟练了，可以再学新的了。"孔子说："感谢夫子教诲！该曲虽已练熟，然技巧还不纯熟，请让我继续练习。"

三天之后，师襄听到后轩中孔子的琴声已经技巧纯熟，音调和谐，韵味无穷，就夸孔子的弹奏已经超过了高明的琴师，并告诉他说："所有技巧你已经掌握了，可以学习新的内容了。"但孔子却说："我的指法、技巧虽已练熟，但还没领会到此曲的志趣神韵，更未体察到曲作者的为人，还不能想象出他的风貌特征。请让我再练三天吧！"

孔子练琴到第十天的时候，师襄站在一旁已经听得如醉如痴。琴声似乎把他带到了浩瀚的大海边，一望无际的大海是那样的宽广博大；琴声好像又把他带到了春天的花园，花园里的一切是那样的静谧与和谐。

孔子弹奏完之后，对师襄说："我弹着弹着，感受到作曲者的为人了。那个人肤色黝黑，身材魁梧，眼光明亮而高瞻远瞩，性情温柔敦厚，好像有着统治天下的帝王气魄。除了文王，没有人能创作出这样的乐曲。"师襄听了，连忙从坐席上站起来向孔子施礼说："我的老师传授此曲时，正说此曲为文王所作，名《文王操》。仲尼，你真聪明过人，一下子便悟到了周乐之精义！"

孔子谦虚地说："全仰仗您的教导！要学技艺，无名师指点，如在黑暗中摸索；一遇名师，便豁然开朗，眼前一片光明。孔丘不虚此行。"

孔子学琴的故事让我们充分了解了温故知新的含义。孔子看起来没有学习新的曲子和技艺，但他在一遍遍的练习中不断有着新的发现，不仅在技巧上和曲子的熟练程度上有了很大的提高，还深刻地体会到了作曲者的气质和在乐曲中要表现的内涵。由此可见，温故知新是一种良好的学习方法。掌握这种学习方法要注意两个要点：时间和频率。

心理学研究表明，人的记忆和时间有关系，当天学习的内容如果复习的时间越晚，遗忘率就越高。所以，当我们学习了新知识之后，应该尽快复习。复习不仅是对学过的内容进行温习巩固，还要学会用复习的方式把所学的东西串起来，让自己的知识结构更加牢固。复习时不仅可以了解课程本身的重点和难点，还可以了解自己知识掌握上的弱点和缺陷，对自己的学习状况有一个清醒的认识。能够有的放矢地去学习。复习还是一次再学习的过程，可以借此机会对所学的知识进行一次再加工，真正做到透彻理解，熟练应用。

温故知新还要注意复习的频率。复习不是一次性的工作，没有人能通过一次复习就可以完全掌握某种知识或技能。必须不断进行有规律的复习，才能够真正掌握。

四、计划得当

歌德说，向着某一天终于要达到的那个终极目标迈步还不够，还要把每一个步骤看成目标，使它作为步骤而起作用。

有个名叫约翰·戈达德的美国人，在他15岁的时候就把自己一生要做的事情列了一份清单。这份清单被称为“生命清单”。在这份清单中，他给自己列出了127个具体目标。其中有探索尼罗河、攀登喜马拉雅山、读完莎士比亚的著作、写一本书等。44年后，他以超人的毅力和非凡的勇气按计划实现了106个目标，成为一名卓有成就的电影制片人、作家和演说家。

在这个故事里，计划的重要性不言而喻。当我们有了奋斗的目标、坚强的意志后，还需要一份设计得当的计划。这份计划能够将最终的目标分解为一个个具体的阶段和步骤，在不同的阶段我们需要完成不同的任务。将大的目标分解为小的任务，不仅能增强我们完成任务的决心，还能让我们及时发现计划实施过程中的问题。这样制订和实施计划不是对个人的束缚和管制，而是一种稳步向目标迈进的方法。

五、保持兴趣

兴趣是最好的老师，对学习保持兴趣也是一种良好的学习习惯。

英国著名科学家焦耳从小就很喜爱物理学。老师在课堂上对相关的知识讲述不多，他就常常自己动手做一些物理实验。

有一次，焦耳和哥哥一起到郊外去旅游。焦耳即使在玩耍的时候也没有忘记做他的物理实验。他找来一匹瘸腿的马，想试一试动物受到电流刺激后的反应。他让他哥哥在前面牵着马，他躲在马的身后用电池将电流通到马身上。当焦耳连通电源时，马受到电击后狂跳起来，差一点儿把哥哥踢伤了。

这一次危险的经历并没有影响到焦耳做实验的热情。当他和哥哥在群山环绕的湖上划船时，焦耳想试一试这里的回声有多大。他在一支火枪里塞满火药，然后扣动了扳机。“砰”的一声，枪响了。从枪口喷出的火苗瞬间烧光了焦耳的眉毛。哥哥也被吓得差点儿掉进了湖里。这时，天空突然乌云密布，电闪雷鸣。焦耳和哥哥连忙上岸躲雨。

焦耳发现，每次闪电后过一段时间才能听见巨大的雷声。他顾不得躲雨，拉着哥哥爬上一个山头，认真记录下每次闪电和雷鸣之间相隔的时间。

开学后，焦耳迫不及待地把自己做的实验告诉了老师，并向老师请教。老师告诉焦耳：“闪电和雷鸣是同时发生的。但因为光和声的传播速度不一样，光速快而声速慢，所以才会先看到闪电后听到雷声。”

焦耳从此对科学知识的学习更加入迷。经过不断学习、观察和实验，他发现了热功当量和能量守恒定律，成为一名出色的科学家。

焦耳的行为在很多成年人眼里就是胡闹，但这是因为他对这个世界有着强烈的好奇心。因为好奇，他才会想到去探究这个世界的奥秘，才会有了常人没有的发现。

在学习的过程中对学习内容抱有浓厚的兴趣，才能让我们对学习一直保持热情，即使遇到困难也不放弃，最终到达成功的彼岸。

第二节

学习习惯养成

成功的人这样说，各种学问并不把它们本身的用途交给我们，如何运用这些学问乃是学问以外的、学问之上的一种智慧。（培根）

某种学习习惯的养成并非简单的长时间重复，而是有着其内在规律。美国麻省理工学院教授彼得·圣吉经过研究创建了学习时必须修炼的五项内容。这五项内容是：第一，通过自我超越不断实现心中的梦想；第二，通过改善心智模式开启一扇“重新看世界的窗户”；第三，通过建立共同愿望找到人生的价值，活出生命的意义；第四，通过团队学习，在互动中提高智商；第五，通过系统思考，廓清思想上的迷雾，更清楚地认识我们面对的世界。

因此，学习习惯的养成并不是简单重复之后掌握某种技能，而应该让自己的心智发展，学习目标、合作方式等都有所提高。

听来的故事

著名医师及药理学家拉尔维曾经获得诺贝尔生理学奖及医学奖。他是一个注意力非常强的人。

拉尔维出生在德国法兰克福的一个犹太人家庭。当时犹太人经常受到各种歧视和迫害，因此他的父母让儿子专攻一门科学技术以便谋生。拉尔维从小喜欢绘画和音乐，但在父母的教育下，他放弃了原来的爱好，进入施特拉斯堡大学医学院学习。

拉尔维在大学期间是一位勤奋的学生，他相信只要专心致志地学习，必定会成功。拉尔维在医学院就读时，被导师的学识和钻研精神所吸引。后来，拉尔维在这位教授的指导下学业进步很快，并深刻认识到医学也是施展才华的天地。

拉尔维大学毕业后，先后在欧洲和美国一些大学从事医学专业研究。在药理学方面取得较大的进展。由于他在学术上的成就，1921年奥地利的格拉茨大学特聘他为药理教授，专门从事教学和研究。在那里他开始了神经学的研究，通过对青蛙迷走神经的试验，第一次证明了某些神经合成的化学物质可将刺激由一个神经细胞传至另一个神经细胞，又可将刺激从神经元传到应答器官。他把这种化学特质称为乙酰胆碱。1929年他又从动物组织

中分离出该物质。

拉尔维突破了原有的化学传递的研究成果，在药理及医学上做出了重大贡献，因此，1936年他获得了诺贝尔生理学及医学奖。

我们班的故事

六一儿童节要到了。每年这个时候苏晓庆都很忙。

他每天要完成几十道练习题，准备去参加全区的数学竞赛；每周一、周三、周五的下午他要参加鼓号队六一表演的训练；每周二、周四的下午他要参加学校合唱团六一演出的练习。

苏晓庆疲惫地对赵乐乐说："我太累了。昨天晚上作业没做完我就睡着了。"

陈偃松小声地问："这几件事里你有哪一件是不想做，或者是不喜欢做的吗？"

苏晓庆说："我不喜欢唱歌，虽然我的歌唱得不错，但我不喜欢上台表演。"

赵乐乐拍拍胸脯，说："我陪你去告诉音乐老师，你不想唱。要是老师不同意，我就说让我去唱。"

苏晓庆笑了笑，说："不用了，还是我自己去吧。我会跟老师实话实说。我喜欢数学，我想专心做习题，参加数学竞赛。"

过了一会儿，苏晓庆回来了，大家连忙问他："音乐老师怎么说？"

苏晓庆苦笑了一下，说："音乐老师说，我可以不去参加练习，但要参加最后的表演。"

赵乐乐叹了一口气，说："你居然会喜欢数学。我要是你，我就愿意去唱歌。唱歌没有做习题累。"

苏晓庆笑着摇摇头，说："你体会不到学数学的乐趣，就像我体会不了你喜欢唱歌的乐趣一样。"

赵乐乐笑着说："幸亏这不妨碍我们做好朋友。"

留 言 板

赵乐乐：苏晓庆，你在吗？

苏晓庆：什么事？

赵乐乐：我家来了一个小客人，他爸爸说他的数学成绩非常好。我说我们班的苏晓庆数学也很棒。他不相信，你要不要和他比一比？

苏晓庆：（流汗）赵乐乐，你觉得我还不够忙吗？

赵乐乐：比试一下占用不了你多少时间的。让我爸爸给你们出几道题，看谁能先解出来。

苏晓庆：谁先解出来很重要吗？

赵乐乐：就是看看你们俩谁更棒啊。

苏晓庆：你自己玩去吧，我没时间。

赵乐乐：你就答应吧。我知道你回家以后也是做题。做几道我爸爸出的题目，既可以准备你的竞赛，又可以比试比试，一箭双雕。答应吧！

苏晓庆：对不起，恕不奉陪。

李小梅：赵乐乐，我觉得你不对。我们学习不是为了比试。

赵乐乐：那学校里老师为什么要给我们排名次？

李小梅：反正你这样做不对。

赵乐乐：你这是吃不到葡萄就说葡萄是酸的。有本事你数学好，我就请你去比试。

李小梅：（打人）……

苏晓庆：赵乐乐，你要这样说的话，我告诉你，有本事你自己去比试，我不去。

赵乐乐：呵呵，你不答应就算了，他们已经走了。不过，我告诉他们，下次我一定会约到你的。

心理学研究成果：

日本学者田崎仁认为，学习的效率并不是时间越长越好，而是应当注重学习方法的选择。一天当中应当选择学习效率高的时间段来学习，而不是靠熬夜等延长学习时间的办法来提高学习成绩。

研究表明，很多人提倡的深夜苦读是低效率的，通宵学习则是效率最差的学习方法。田崎仁提出，最好“在规定的时间里进行学习”，有效利用时间。要做到：

一、把必须做的事情和可做可不做的事情清清楚楚地分开；

二、先从重要的、难度较大的事情做起；

三、要有一个切实可行的学习时间表；

四、正确地使用空闲时间；

五、要把学习用具放在手头，以便随时取用；

六、在学习过程中不要胡思乱想；

七、要真正钻进去，养成埋头苦干的习惯；

八、要掌握阅读和书写的正确方法；

九、选择适合自己性格的作息时间。

最好在学习时不要做以下几件事：

一、脑子里想别的事；

二、心神不定；

三、找东西；

四、不时喝水和上厕所；

五、写日记、写信和看信；

六、在笔记本上乱写乱画；

七、被电视、收音机的节目分了心；

八、被别人的活动和欢笑声分了心；

九、闲谈；

十、打盹。

余老师说一说

学习和做其他事情一样，都需要我们专心。如果不能专心学习，即使你有很高的天赋，有很好的学习条件，也不能取得较好的成绩。拉尔维虽然不喜欢学医，但当他进入医学院以后还是说服自己去努力学习。以后的很多年他都致力于医学研究，所以取得了很大的成就。

一个人如果每天要做很多不同的事情，因为他没有充足的时间去做每一件事，有可能某些事情就不能做好。苏晓庆选择退出唱歌表演是有道理的，这样他可以有更多的时间去做他喜欢的数学题。专心致志是一种很好的学习习惯，成功不仅要持之以恒，还取决于对某件事的专注程度。

一、准备预习习惯

打个比方，课前预习就是在进入公园的时候先查看公园门口的地图。了解一

下公园里都有些什么景点，各自分布在哪里。再想一想自己对哪些景点有兴趣，查看清楚到那里该怎么走。预习就结束了。

课前预习是一种良好的学习习惯，几乎每一个优秀的学生都有这个习惯。预习不仅是提前看一看老师第二天要讲的内容，预习还能让同学们预先知道听课的重点，有目的地去听课。因为自己在预习的时候已经理解了一部分第二天要学习的内容，就能够更从容地听课，学习会有轻松感。

从心理学的角度来看，良好的预习习惯能够让学生增强独立性，获得一种心理上的优势。久而久之，这种心理优势会转化成为信心，从而获得更好的成绩和学习能力。

二、专心听讲习惯

有老师这样鼓励上课不专心听讲的学生：如果你坚持上课专心听讲一天，算不了什么；如果你坚持上课专心听讲十天，你会觉得我的课有点意思；如果你坚持上课专心听讲一个月，你会觉得我的课很有意思；如果你坚持上课专心听讲一学期，你会发现你的成绩变好了。因为你的成绩变好了，会有更多的同学喜欢你。因为有更多的同学喜欢你，你就有了更多的朋友。因为你有了更多的朋友，你就会比原来更快乐。

这样的说法很有道理。专心听讲确实会给学习带来很多好处，比如，能够迅速掌握学习的内容；可以顺着老师引导的思路去思考，有助于提高自己的思维能力；课后能够迅速完成作业，有更多的时间做其他事情；等等。

不同的学科听课的方法不一样，不能全都用认真记笔记这一个办法来完成。理科的课程要边听边思考，老师的讲解顺序为什么要这样安排，要弄清公理和定理的来历，学会推公式，找出两个例题之间的相同点和不同点等。文科的课程要注意掌握观点、事例，学会如何用观点解释现象。历史课还应注意历史事件的时间、人物、地点、背景、过程、意义和影响等。

总之，专心听讲并不仅仅是认真听老师讲的每一句话，而是要在听讲的过程中学会思考，提高思维能力和分析判断能力。

三、作业完成习惯

有一次，赵乐乐对苏晓庆说：“上课我不是很害怕。我害怕的是上完课以后还要做作业。如果你妈每天在你吃完饭以后都要问你，今天我做的菜怎么样？每一盘菜你都吃了几口？这个菜的味道怎么样？对你的身体有什么影响？我保证，你看见饭菜就得害怕。”

苏晓庆笑着说：“你这个比方不恰当。你妈做的菜你还可以选择不吃。上课你可以选吗？”

赵乐乐长长地叹了一口气：“是啊，所以我不害怕吃饭，害怕做作业。”

根据《教育大辞典》的解释，作业分为课堂作业和课外作业两大类。课堂作业是教师在上课时布置给学生当堂进行操练的各种练习。课外作业是学生在课外时间独立进行的学习活动。做作业是检测学生是否学会课堂上的知识点的一种方法。这种检测方式大部分是用书面书写的方式完成的。

作业不仅有着检测学习内容的作用，还有促进学习内容吸收的作用。经过课后的反复练习，学生可以对所学知识加深印象，分清易混淆的概念，对事物之间的关系了解得更清楚，对公式的变换更灵活，思维能力得到提高。

作业完成的过程尽量做到独立完成；不要分心拖拉；一边完成作业一边回想老师课堂上提到的相关知识点，将知识有机联系起来；可以在自己薄弱的学科作业上多花一点时间。

作业完成习惯好的同学常常是做事有条理，效率高的同学。因此，培养良好的作业完成习惯也是良好素质的训练。

四、自主学习习惯

赵乐乐对老师要求自学很不满，他对苏晓庆说：“如果我自己能学会，还到学校来做什么？”苏晓庆耐心地对他说：“如果你一直依赖老师讲课，你从学校出去以后就没有学习能力。就不能够再学会新东西。培养自主学习的能力也是学习的内容。”赵乐乐这才不吭声了。

这是一个终身学习的时代，现代社会每天都有知识更新，知识老化的速度越来越快，每个人都不可能一劳永逸地拥有足够的知识。如果我们满足于现有的知识，迟早会被社会淘汰。因此，我们必须在学习知识的同时培养自己的自学能力。

培养自主学习的习惯要注意几个问题：

第一，自主学习要主动扩大学习范围，不只是满足于课内学习的知识。扩大学习范围不仅可以增加知识，还能开阔思路，对已经掌握的知识有更为深刻的理解。这种学习与预习是有区别的。自主学习并不局限于书本知识的学习。在学习的过程中要学会借助多种信息载体，尽量利用各种渠道提供的信息，拓展视野，丰富经验，锻炼思考能力。

第二，自主学习要讲究效率。自主学习最好定在一天当中状态最好的学习时段进行。无论在家里还是学校里都要抓紧时间，高效率地完成自主学习的任务。

瓦尔特·司各脱爵士说：“每个人所受教育的精华部分，就是他自己教给自己的东西。”别人传授给我们的知识远不如通过自己的勤奋和摸索所获得的知识深刻久远。养成自主学习的习惯，我们将受益终身。

五、课外阅读习惯

培根对读书是这样看的：读史使人明智，读诗使人聪慧，演算使人精密，哲理使人深刻，道德使人高尚，逻辑修辞使人善辩。一个有着课外阅读习惯的人不仅可以依靠阅读来增长自己的知识，还能通过阅读来拓展自己的视野，开阔思路，从小拥有一种健康的生活方式。

课外读物比课本内容丰富和广泛，更加生动易学，更容易吸引学生的注意力，其中蕴含的价值观、道德观、历史观和审美情感更容易打动读者。不同的课外读物有不同的读法：

文学作品包括小说、诗歌、散文等。这类书籍的读法主要是体会和感受作者想要通过作品中的人物、事件和语言等表现出来的价值观和情感。读这类书时要注意文体特点，学会借助不同文体的特点、不同的表达方式了解作者的思想和情感。

历史和传记类书籍因为涉及历史事件和历史人物，需要在阅读的时候了解书中记载的一系列人物与事件的关系、事件与事件的关系，梳理清楚书中的因果关系和时间关系等。学会用时间、地点、人物、事件这四个要素熟悉历史事件和历史人物。

科学类图书是以传播科学知识为主要目的的。读这类书的目的是了解和接受相应的科学原理和常识。读者要选择自己希望了解的内容进行阅读，以便在阅读中能够保持热情，不会觉得枯燥乏味。

阅读课外读物通常使用泛读的方式，不必精读，甚至可以不求甚解。在经过一段时间、一定数量的阅读后，大量的积累会带来阅读速度、理解能力的质的变化。

六、复习记忆习惯

人们常用“趁热打铁”来形容做事要抓住时机。复习和记忆就应当在短时记忆较强的时候立即进行复习和记忆，才能够提高学习效率。课后及时复习可以加深和巩固对学习内容的理解，防止急速遗忘。

对刚学过的知识应及时复习。当记忆巩固程度提高后，复习的次数就可以逐渐减少，间隔的时间也可以逐渐加长。

及时复习和记忆还有一大优点就是可以加深了解和掌握原有的知识，扩大原来的知识面，提高认知能力和解决问题的能力。

七、控制时间习惯

控制时间就是有效地管理时间。每个有成就的人都是自己时间的主人。他们能够较好地分配一天或是一个阶段的时间，能够利用零星的时间做很多事。每个人的时间都一样多，但合理地安排和控制就可以避免时间的浪费，能在有限的时间里完成更多的事。

控制时间，首先要有一个完善可行的计划，然后严格按照计划安排的时间作息。其次计划要合理，将要完成的事情按照紧急性和重要性分类后进行安排，遵守"要事第一原则"。尽量先完成紧急和重要的事，然后再做重要而不紧急的事，最后做不紧急和不重要的事。不要让自己被琐碎的事情牵绊，耽误宝贵的时间。

学会给要完成的工作分类，可以将要做的事情分为必须自己完成的、能让别人完成的和一起协作完成的工作。可以先集中精力完成必须由自己完成的工作，然后再完成需要一起协作完成的工作。可以让别人完成的工作最好交给别人做，自己就可以多做一些自己想做的事情。

做时间的主人，不仅需要毅力，还需要智慧。

八、持续学习习惯

据美国国家研究委员会调查，在美国，半数以上的劳工技能在1～5年内就会变得一无所用，而以前这段技能的淘汰期是7～14年。特别是在工程界，毕业10年后所学的知识还能派上用场的不足1/4。因此，终身学习在现代社会变得越来越重要。

美国通用电气CEO杰克·韦尔奇认为："在学校里获取的教育仅仅是一个开端，其价值主要在于训练思维并使其适应以后的学习和应用。"当我们从学校毕业后，并不意味着我们可以停止学习。现代社会日新月异，每天都有新的发现和发明。

杰克·韦尔奇建议年轻人每天抽出十分钟的时间读一些书籍，或者找机会多进修或自修一些知识，这样才可以让自己在事业上不断进步。人类正是有了追求知识、要求进步的愿望，才有了今天的进步和发展。"活到老，学到老"今天仍不过时，我们每个人都应该有持续学习的意识，并让自己养成持续学习的习惯。

第三章

行为习惯密码

良好的行为习惯是人一生最重要的基础，能够使人终身受益。

行为习惯，是行为和习惯的总称，是在一定时间内逐渐养成的自动化的行为方式。行为习惯满足人的某种需要，可能有积极和消极的双重作用。良好的行为习惯对人们的生活和工作有着积极的作用。

心理学家认为行为习惯有这样一些特点：行为习惯是自动化的行为方式；行为习惯是在一定时间内逐渐养成的，与人后天条件反射系统的建立有着密切的关系；行为习惯不仅仅是自动化了的动作或行为，还包含着思维和情感的内容，因此可能产生消极或是积极的作用。

成功的人这样说，习惯是一种顽强而巨大的力量，它可以主宰人生。因此，人自幼就应该通过良好的教育，去建立一种良好的习惯。（培根）

听来的故事

20世纪60年代，苏联发射了第一艘载人宇宙飞船。

发射前需要挑选一位宇航员。这是第一个上太空的人选，入选的几十位宇航员们都希望能够挑到自己。

他们被带到即将要乘坐的宇宙飞船上去参观。进入舱门的时候，大家鱼贯而入，只有一个叫加加林的宇航员脱下了鞋子。这时主设计师问他为什么要这样做？加加林说："这么贵重的飞船，怎么能穿着鞋进去呢？"

加加林的回答让主设计师很感动。他觉得，飞船应该交给一个如此爱惜它的人才能放心。在主设计师的大力推荐下，加加林成为人类第一个飞上太空的宇航员。

羡慕加加林的人开玩笑说，原来成功是从脱鞋开始的。其实，良好的习惯在任何领域都会得到赏识。

我们班的故事

上课做练习的时候，王老师发现赵乐乐侧着身子做作业。王老师提醒他：“赵乐乐，请你坐端正。”

赵乐乐扭动一下，坐直了身子。但王老师一转身，他又侧着身子继续写。

王老师奇怪地问：“你为什么要扭着身子写作业？”

“王老师，我扭着身子才能横着写字。”赵乐乐说着，扭着身子写给大家看，他确实是在作业本上横着写字，虽然写得很慢，但居然一个字也没有写错。

苏晓庆说：“你这样坐多难受，把作业本放横不就可以了吗？”

“好办法。”赵乐乐说完，马上把作业本转了个方向，这样就可以不用扭着身子也能横着写字了。

李小梅不解地问赵乐乐：“你为什么要这样写字？”

赵乐乐一边写一边说：“我看到电视上有一个美国人这样写字，帅呆了。我想成为第一个横着写字的中国人，说不定还能申请吉尼斯纪录。”

王老师哭笑不得地说：“这样写字太不正常了。”

“那不一定。”赵乐乐认真地说，“这是我发明的，你们不许跟我学。”

有几个同学叫起来：“我们也要横着写，你管不着！”

王老师生气地说：“如果汉字能用你们说的这些方法写，那就轮不到你们今天才发现。试着玩玩可以，千万不要养成坏习惯。改正一个坏习惯比培养一个好习惯还要困难。”

这节课有好几个人没有完成课堂作业。赵乐乐看他们也悄悄在横着写字，就得意地说：“哼，横着写字不是一件容易的事哦。”

赵乐乐突然想，横着走路也不错。他马上侧着身子，横着走出教室。门外有两个低年级的小男生，看到赵乐乐横着走过来，连忙问：“大哥哥，你的腿受伤了，要不要我们扶你去厕所？”

赵乐乐的脸马上红了。他连忙恢复正常行走，对两个小男生说：“我没事，谢谢你们。”

两个小男生走开了，赵乐乐松了一口气，不敢再横着走了。

留 言 板

苏晓庆：赵乐乐，你坚持横着写字已经十天了，感觉怎么样？

赵乐乐：（得意）越来越熟练啦。你也想试试吗？

苏晓庆：（调皮）我怎么听说你昨天的语文测验没有做完？

赵乐乐：（抓狂）昨天的作文我多写了几个字，所以就没写完。这个问题我下次会改进。

苏晓庆：你真的觉得这样写字没问题吗？

赵乐乐：（惊讶）能有什么问题？我是世界上第一个横着写中文的人，到时候我上了吉尼斯世界纪录你们可别眼红。

李小梅：我看过吉尼斯世界纪录，上面好多纪录好像都没用。比如有一个美国人南希可以在6.09米远处用脚把箭射中直径为13.97厘米的靶子。南希每天都要花费大量的时间练习这项技能，不然会变得生疏。

赵乐乐：哇，用脚射箭！太棒了！

苏晓庆：哼，这个人要是去打仗肯定自己的箭还没射出去就被别人打死了。

李小梅：就是，如果脚比手灵活的话，大家早就用脚做事，用手走路了。

赵乐乐：你们到底想说什么？

苏晓庆：我觉得你应该尊重规律。大家一直这么做，不那么做一定是有道理的。

赵乐乐：（大哭）明白了。可是我已经习惯横着写字了。昨天考试的时候我想把卷子放正，可是写着写着又横过去了。

苏晓庆：哼哼，知道习惯的力量了吧？

赵乐乐：（努力）你别得意。我可以学会横着写字，也可以重新学会正着写。大不了我再练习十天。

苏晓庆：好，十天以后我再来恭喜你改错成功！（再见）

赵乐乐：（打人）……

心理学研究成果：

习惯是在一定时间内逐渐养成的，它与人后天条件反射系统的建立有着密切的关系；习惯不仅仅是自动化了的动作或行为，也可以包括思维的、情感的内容；因为习惯满足了人的某种需要，所以习惯可能起到积极和消极的双重作用。

余老师说一说

小时候总会有很多疑问，为什么太阳要从东边升起，从西边落下？为什么房子的楼梯不做成圆形的，那样多好看啊？为什么锅都是圆的，没有其他形状的？人为什么不像鸟一样跳着走路？……其实，远古时期的人们对世界也有很多疑问，他们无法回答，以为只有神才知道，于是就有了神话。

成功的人都有长期养成的良好的行为习惯。托尔斯泰年轻的时候为了改掉自己身上急躁、懒惰、缺乏毅力的缺点，坚持每天早起做操和临睡前写日记，终于让自己成为一个优秀的作家。

赵乐乐横着写字好像对别人没有什么伤害，而且经过练习以后他还可以写得更快。但这种习惯并不符合汉字书写的习惯，就像那两个小男生看到他横着走路以为他受伤了一样，大家看到他这样写字马上想到的就是他是否受伤。除此之外，因为公共设施都是为符合大部分人的习惯设计的，有特殊要求的人很难和大家共用这些设施。所以，与众不同的行为有时不仅会给别人，也会给自己带来不便。

良好的行为习惯是能够使人终身受益的。人们常说，思想决定行为，行为决定习惯，习惯决定命运。良好的行为习惯是人一生最重要的基础。良好的行为习惯包括诚实守信、注重细节、遵守纪律、勤俭节约等。

一、诚实守信

本杰明·鲁迪亚德曾说过：“没有谁必须要成为富人或者成为伟人，也没有谁必须要成为一个聪明的人，但是，每一个人都必须做一个诚实的人。”

诚实是一种难能可贵的品德，具有“善”的品质。我们无论是自己做出决定还是与人沟通，都应当内心与言行一致，诚实地面对自己和别人。但这里所说的诚实并不是单指准确地说出客观事实的行为，而是有着更丰富的内容。我们不会称赞一个罪犯坦白交代他的罪行是诚实，也不会因为医生善意地安慰危重病人会康复就说他不诚实。

最著名的关于诚实的故事是这样一个寓言。

一个农民把他的斧头掉进了河里，他坐在河边伤心地哭起来。财神刚好路过，便跳进水里帮他打捞。

财神很快捞到了一把金斧头，他大声问农民："这是你的吗？"农民摇头说："不是。"财神又捞出一把银斧头，大声问农民："这是你的吗？"农民还是摇头。最后，财神捞出了一把铁斧头，大声问农民："这是你的吗？"农民点头说："这是我掉下去的斧头。"财神说："你是一个诚实的人，我把金斧头和银斧头一起送给你吧。"

农民获得金斧头和银斧头的事情被一个贪心的人知道了。他来到河边，故意把斧头扔进河里。财神恰好路过这里，这个人就请财神替他打捞。财神刚从河里捞出一把金斧头，没等财神开口问，这个人马上说："这就是我丢失的那把斧头。"财神生气地说："你什么也别想得到。"说完，财神和金斧头一起消失了。这个贪婪的人最终连自己的斧头也没找回来。

这样的不诚实是显而易见的，容易让人警惕和规避，但还有一些不诚实看似无害，实则令人反感。

从前有个国王，他希望在他的王国里挑选一个孩子来当未来的国王。他将从全国各地挑选出来的孩子都聚集到王宫里，给每个孩子发了一粒花籽，让他们种在自己的花盆里。国王宣布：三个月后，谁花盆里的种子开出最美的花，谁就可以成为国王的继承人。

三个月的时间过去了，当孩子们又一次来到王宫时，他们手里的花盆里都盛开着美丽的鲜花。可是，国王却皱起了眉头，一句话也不说。他边走边看，看到队伍里有一个孩子捧着一个空花盆，他停在了这个孩子面前。国王问："孩子，你怎么捧着个空花盆？难道你没有种下我给你的种子吗？"孩子哭了起来："我把花籽种在花盆里，每天用心浇水，可是花籽一直没有发芽。我只好捧着空花盆来了。"国王听了，高兴地笑起来："你就是我要找的诚实的孩子。将来，你就是国王。"

原来，国王发给孩子们的花籽是煮过的，根本不可能发芽、开花。

这个故事看起来是要教育人们诚实守信，可是这个希望找到诚实继承人的国王自己就撒了一个弥天大谎。国王的行为难道不是欺骗吗？一个不诚实的国王用不诚实的方式来寻找一个诚实的人继承王位，这个故事有着太多的不合理性。

春节联欢晚会上曾经演出过一个小品，一个不知道拒绝别人的人为了保持自己愿意帮忙的“好人”形象，答应别人去做很多自己能力无法完成的事，最终，这个人被自己善意的谎言弄得狼狈不堪。这样的事情在我们的日常生活中其实很多，比如和朋友一起出行，当涉及选择步行还是乘坐公共汽车的问题时，常常有人当时表示同意大家一起步行，但走出不远后，却发现这个人腿上有伤，根本无法走太远，大家只好走走停停来等他。

与其后来扫兴，让大家都不能愉快出行，不如刚开始的时候就诚实地对步行说“不”。学会说“不”也是一种诚实。

诚实，并不仅仅是准确地说出事情的真相，它关乎着我们内心对善意的认识。

二、注重细节

战国时期秦国丞相李斯曾在《谏逐客书》中这样写道：“泰山不拒细壤，故能成其高；江海不择细流，故能就其深。”这句话的意思是，泰山不拒绝哪怕最细小的土粒，所以才有了今天的高度；江海不挑选流入其中细小的水流，因此才有了今天的深度。

很多意外是因为疏忽细节引起的。古语“千里之堤，溃于蚁穴”并非耸人听闻，而是一个真实的故事。临近黄河岸边有一片村庄，人们为了防止水患，在黄河边筑起了巍峨的长堤。有一天，有个农民偶然发现长堤上的蚂蚁窝突然猛增了许多。他连忙回村里去报告。农民在路上遇到了他的儿子，便把自己的发现告诉了儿子。儿子听后不以为然地说：“长堤很坚固，还害怕几只小小蚂蚁吗？您就放心吧。”随即拉着农民一起下田去了。当天晚上风雨交加，黄河水暴涨。汹涌的黄河水从蚂蚁窝里渗透出来，蚂蚁窝慢慢变大，最终变成一个个大的洞穴，坚固的长堤垮塌了。黄河水淹没了沿岸的大片村庄和田野，来不及逃走的人死伤很多。

还有一个故事也和细节有关。东汉时期的陈蕃，他的居所肮脏不堪。他父亲的朋友薛勤批评他说：“孺子何不洒扫以待宾客？”陈蕃傲慢地说：“大丈夫处事当扫除天下，安事一屋？”薛勤当即反驳他：“一屋不扫，何以扫天下？”陈蕃认识到自己的错误，立即打扫庭院。

成功者与失败者的区别就在于失败者忽略了很多细节，而成功者则一直在追求细节上的完美。因为对细节的追求，人们便会对每一个环节都认真考虑，对每一个动作都尽量做到完美，对每一个步骤都精益求精。在工作和学习中做到这样的认真和完美，自然能够获得成功。

三、遵守纪律

有这样一个童话故事：

六只猴子要过河去参加森林运动会。摆渡的水獭伯伯对猴子们说：“我这只船小，规定每次只能坐三位乘客，你们分两次过河吧！”三只猴子上了船。第四只猴子满不在乎地说：“四位和三位不是差不多吗？你这个规定也太死板了！”说着就跳上了船。水獭连连摆手说：“不行，不行，超载船会沉的。”第五只猴子笑着说：“哪有这么巧的事情，我从来没见过船沉没。”说着也跳上了船。在岸上的第六只猴子想：“大家都违反了规则，难道偏要我当傻瓜吗？我才不干呢！”说完也跳上了船。小船很快沉了下去，猴子全部掉进了河里，水獭伯伯费了好大的劲，才把他们一个个救上了岸。

这是一个很典型的故事。我们在生活中制定纪律和规则是为了让我们的生活更有秩序。没有规矩，不成方圆。然而，很多人却以打破纪律为荣。遵守纪律其实没有我们想象的那样难。当服从规则成为一种习惯，我们的公民素质就形成了。

四、勤俭节约

在古人的眼中："俭，德之共也；侈，恶之大也。" "历览前贤国与家，成由勤俭破由奢。"勤俭节约是中国人的一种传统美德，是中华民族的优良传统。个人、家庭、国家和世界的生存和发展都与勤俭节约有关，即修身、齐家、治国、平天下都离不开勤俭节约。著名的事例有：诸葛亮把"静以修身，俭以养德"作为"修身"之道。朱子将"一粥一饭，当思来之不易；半丝半缕，恒念物力维艰"当作"齐家"的训言。毛泽东则把"厉行节约，勤俭建国"作为"治国"的经验。

朱元璋的故乡凤阳，流传着一首《四菜一汤》的歌谣："皇帝请客，四菜一汤，萝卜韭菜，着实甜香；小葱豆腐，意义深长，一清二白，贪官心慌。"歌谣

说的是朱元璋给皇后过生日时，只用红萝卜、韭菜，青菜两碗，小葱豆腐汤宴请众官员；而且约法三章：今后不论谁摆宴席，只许四菜一汤，谁若违反，严惩不贷。

勤俭节约是中华民族的优良传统。勤奋是工作勤奋，创造出劳动成果；节约是生活节俭，珍惜劳动成果。只有二者兼备，我们才能创造更多的财富。

五、公共场所中的行为习惯

公共场所是提供公众进行工作、学习、经济、文化、社交、娱乐、体育、参观、医疗、卫生、休息、旅游和满足部分生活需求所使用的一切公用建筑物、场所及其设施的总称，是人们生活中不可缺少的组成部分，是反映一个国家、民族物质条件和精神文明的窗口。在公共场所中，我们尤其要注意自己的一举一动。这是因为每个人在公共区域内的活动都与其他人有着直接或间接的关系。因此，现代社会有很多民间约定俗成或是官方制定的法律法规来规范人们在公共场所中的行为。

学校也是公共场所，因此在校园中我们要遵守学校的规定。具体是指服从老师的命令，在指定的区域活动，注意个人卫生，不在墙上乱涂乱画，不在楼梯和走道上追逐打闹等。

当我们进入商场、影院、图书馆等公共场所时，也要遵守相关的规定。例如，乘坐公共汽车或地铁时要排队上车；乘自动扶梯站在扶梯的右侧；进入电梯、地铁或地下通道前，不要拥挤和打闹，学会礼让。在听讲座或是看电影时保持安静，不把脚搭在前边的椅子上，不使用移动电话。参观展览时，专心听解说员解说，拍照时不使用闪光灯，不用手摸展览物品，不在参观地乱写乱画，不带宠物进博物馆；在图书馆和阅览室里不大声说话聊天，不撕毁书籍报刊，不在图书和报刊上写字画画等。

这些行为习惯看似复杂，但只要我们留心，也可以在短时间内学会并养成。

六、外出旅游的行为习惯

外出旅游是一件愉快的事。但如果在旅游的途中我们没有遵守相关的规定，不尊重当地的风俗，也许会给自己带来不快的经历。

随着我国现代化的发展，人民的生活水平得到了很大的提高，人们有机会到国外旅游。但因为中西文化的差异，某些中国游客表现出的不文明现象令当地人和外国游客惊讶。在公共场所大声喧哗、上洗手间不冲水、乱丢垃圾、随地吐痰、不顾场合吸烟、随意插队、乱摸文物、吃饭时大声说话、不尊重当地风俗……虽然大多数游客都很文明，但少数不文明的行为确实有损中国人的形象。

文明没有地域和国家之分。不文明的行为不论是在国外还是国内都应当得到纠正和制止。我们要自觉形成文明习惯，养成不随地吐痰、不乱扔垃圾、不插队等文明守礼的好习惯。国民文明素质的具体表现就是个人的行为习惯。这些习惯并非偶然形成，而是需要长期养成的。每一个人都有责任为提升全民文明素质履行自己应尽的义务。

第四章

思维习惯密码

良好的思维习惯能够让人充分地发挥自己的才能，获得更高的成就。

思维习惯是指个体在日常生活中思考问题时所偏爱的一种方式和方法。思维方式决定着我们的思想和行为。良好的思维习惯能够让人充分地发挥自己的才能，获得更高的成就。

成功的人这样说，假使从一开始就养成良好的习惯，你可能一生都受益于这些习惯。我们就会很自然地去做某些事情，而无须在意志方面付出巨大努力。假使精神活动有条不紊，就可以节省大量精力，这种现象已被人们长期的经验所证实。（卡彭特博士）

听来的故事

法国生物学家让·亨利·法布尔曾做过这样一个实验。毛毛虫在树上排成长长的队伍前进，有一条带头，其余跟着向前爬，这种队列一直没有改变。后来，法布尔把一组毛毛虫放在一个大花盆的边上，使它们首尾相接，排成一个圆形。这些毛毛虫开始动了，像一个长长的游行队伍，没有头，也没有尾，围着一个圆圈爬行。法布尔在毛毛虫的队伍旁边放了一些食物。但是，这些毛毛虫并没有为吃到食物而解散自己的队伍，而是继续有序地爬行。这样，毛毛虫围着花盆边一直以同样的速度爬行了七天七夜。它们一直走到饿死为止。这些毛毛虫遵守着它们的本能、习惯、传统和过去的经验，很卖力地爬着，但却毫无成果。固有的思维习惯让他们只知道忙碌，不考虑方向和目标。改变思维方式，你就可以改变原来的陋习，发现一个全新的世界。

我们班的故事

校园里有一个失物招领处。

那里有一个大大的木箱，箱子被分成了好几格。每一格里分别放着同学丢失在校园里的衣服、雨伞、文具、书包、红领巾等物品。每到学期末，这个大箱子都会被装得满满当当。

赵乐乐对苏晓庆说：“我们马上就毕业了，我想做一件对学校有意义的事。”

苏晓庆说：“你不会是想给学校做一面锦旗，感谢学校教育了你六年吧？”

赵乐乐把苏晓庆拉到放失物的那个大箱子前，指着箱子里的物品说：“我想找到这些物品的失主，把这个箱子腾空了，下个学期才能继续使用。”

苏晓庆看了看箱子里琳琅满目的物品，叹了一口气，说：“唉，赵乐乐，你知道自己有个盲目乐观的缺点吗？这么多物品放在这里，如果失主还想要的话，早就把它们拿回去了。”

赵乐乐说：“有这样一种可能，失主并不知道这些物品在这里，他们不知道失物丢在了哪里。比如上次我丢了一支铅笔，最后在教室后面的地上找到了。一定是铅笔掉在地上，有人没注意，走路的时候踢到后面去了。”

苏晓庆打量了一下赵乐乐，说：“哟，几天不见，你确实有了一点侦探的素质，会推理了。”

赵乐乐笑着说：“我把《福尔摩斯探案全集》看完了，把能找到的柯南破案的碟片也看完了。要是还一点都不开窍的话，那不就白看了？”

苏晓庆从箱子里拿出一件毛线背心，问道：“你判断一下，它的主人是谁？”

赵乐乐仔细看了看，说：“从衣服的大小来看，应该是一个低年级的学生的。从款式上来看，这是一件男式的背心。从衣服的干净程度来看，这是一个不爱干净的男生。你看，衣服的胸前有好几块污渍，应该是吃饭的时候抹上去的。”

苏晓庆竖起了大拇指，说：“赵乐乐，你真棒！”

留言板

李小梅：（鼓掌）苏晓庆，你太棒了！居然为失物箱里的物品都找到了失主。

赵乐乐：你怎么不表扬我？这个创意可是我的。而且，找失主的过程中，很多推理都是我完成的。

苏晓庆：赵乐乐说的对，这件事最早是他建议做的。

李小梅：好吧，也表扬赵乐乐。

赵乐乐：这才对嘛。可惜，失物太少了，我还没过瘾就都找到失主了。

李小梅：你们怎么那么快就找到失主的？

赵乐乐：（得意）这就是智慧的力量。

李小梅：哼，我才不相信呢。

苏晓庆：我作证，赵乐乐这次没有吹牛。我们确实是用智慧找到那些失主的。每件失物上都会留下一些主人的信息，我们俩就是靠这些蛛丝马迹找到了它们的主人。

李小梅：赵乐乐，你怎么突然变得那么聪明？

赵乐乐：呵呵，就是多想呗。举一反三，联系实际深入思考。就是这些。苏

晓庆，对吧？

苏晓庆：（惊讶）赵乐乐，士别三日当刮目相看啊。你现在不仅反应快，还有独立思考问题和分析问题的能力。聪明程度快赶上我了。

赵乐乐：哼，我一直都这么棒好不好？大家给点掌声啊。喂，人呢？你们都到哪里去了？出来啊！我还没说完呢。

心理学研究成果：

习惯是教育目标的一种体现，习惯的培养要结合具体的问题提出具体的方法，注意从认知、品德、行为、态度、价值观等方面提高方法的科学性。正确的培养方式可以尽快养成良好习惯，并具有持久性。

目前国内外心理学研究公认的结果是：学习领域大致可以分为认知、动作技能、态度和品德等方面。习惯与技能、态度和品德的表现联系较为紧密。

余老师说一说

思维是我们的大脑对新输入信息与脑内储存知识经验进行一系列复杂操作的过程。经过思维活动，我们才能对事物作出分析和判断，继而决定我们要做什么，怎么做。

思维习惯就是我们偏爱的某种看待问题的角度和方式方法。在赵乐乐和苏晓庆寻找失主的故事里，他们运用了侦探破案的原理举一反三，比对细节的方式寻找到了失物的主人。因为这个方法给他们带来了成功的喜悦，今后他们会更多地使用这样的思维方式。思维习惯是可以培养的，一个悲观看待问题的人如果长时间和乐观的人在一起，或者在某段时间里都比较顺利，悲观消极的思维方式也会得到改变。

第一节 正确的思维习惯

一、独立思考

托马斯·爱迪生是人类历史上最伟大的发明家。他的一生中共有1093项发明，确实堪称天才，他把自己的成就归功于勤于思考的习惯。爱迪生说："就像锻炼肌肉一样，我们同样可以锻炼和开发我们的大脑。恰当地锻炼、恰当地使用大脑，将使我们的思维能力得到加强和提高。而思维能力的锻炼，又将进一步拓展大脑的容量，并使我们获得新的能力。……缺乏思考习惯的人，其实错过了生活中最大的快乐。不仅如此，他也会因此无法最大化地发挥和展现自己的才能。"或许正是勤于思考的好习惯，让爱迪生有了如此多的发明创造。

爱迪生的成功不仅因为他勤于思考，还因为他善于独立思考。这些发明大多数是爱迪生自己思考的结果。正是因为有着特立独行的想法，没有沿着前人的思路去思考问题，爱迪生才有如此多新的发现和突破。

独立思考要做到这样的几点：首先，要抛弃以往的惯性思维。不能按照大家公认正确的路径去思考问题，而是应该独辟蹊径，用逆向思维等方式去考虑问题。其次，有些事物不必一直在其中寻找规律，可以置身事外，从另一个角度来看待问题，寻找新的切入点。再次，要敢于怀疑权威。不因为是名家或权威的理论就盲目赞同，而同样应作出科学的推断和分析。

二、深思熟虑

凡是有成就的人都有很多共同点。“行成于思，毁于随。”他们中的很多人都善于思考，对每件事都能做到三思而后行。

深思熟虑的习惯让他们遇到问题的时候不是随意作出判断、得出结论，而是先对问题的方方面面仔细考虑，不遗漏任何一个细节。然后他们会重点思考其中最核心的问题，再大胆假设或是设身处地地去考虑，尽量慎重地预想到问题带来的后果，从后果来反推已经作出的选择的合理性，最后才作出决定。这样经过深思熟虑的决定自然最为有效和恰当。

然而，深思熟虑也应当有一定的限度。如果我们每做一件事情都瞻前顾后、前思后想，必然会浪费很多时间和精力，甚至还有可能会贻误做事的最佳时机。

三、果断抉择

马云曾有这样的名言：“看见10只兔子，你到底抓哪一只？有些人一会儿抓这只兔子，一会儿抓那只兔子，最后可能一只也抓不住。CEO的主要任务不是寻找机会而是对机会说‘NO’。机会太多，只能抓一个。我只能抓一只兔子，抓多了，什么都会丢掉。”

在马云看来，对摆在我们面前的机会作出理性的判断是一件至关重要的事情。在纷繁的事物面前，我们不能无止境地索取和追求，而应该运用我们的判断能力和抉择能力，在努力追求的同时，学会舍弃和放弃。

人们常常会误以为立即作出的抉择是非理性的。只有“三思而后行”的深思熟虑才是理性的思考。其实，对事物能够立即作出判断不一定完全是对问题的感性理解，也有可能是抉择者迅速将自己已有的经验与现实条件相比对后得出了结论。

因此，我们需要对问题深思熟虑，同时也要有果断抉择的判断。这样才能不贻误做事的最佳时机，最终获得最大的收益。

四、关注全局

古人说："不谋万世者，不足谋一时；不谋全局者，不足谋一域。"这句话的意思是考虑不长远的人也不能对短期的事情作出正确的判断，不考虑全局的人也不能正确处理某一区域的事情。

世界上的所有事物都有着纷繁复杂的联系，没有一个事物能够独立于外。因此，当我们考虑问题的时候，不能只注意局部和片面，而应该关注全局，才能对事物有一个全面的了解，最终作出正确的判断。

下棋的人都知道，"一着不慎，满盘皆输"。如果其中的一步错了没有及时纠正，或是被对方抓住错误穷追猛打，那么这盘棋的胜算几乎就没有了。因此无论是围棋还是象棋，下棋的人都知道每下一步都应当对后续的步骤作出预测和判断，否则就会很被动。只有预先对全局有了清醒的认识和判断，才能作出正确的决定。

有时，我们在考虑问题时会重点关注其中的某个细节或某个环节，如果依据某个细节或是某个环节就作出判断，显然是片面和孤立的。只有真正对事物进行全面的了解，我们才能得出正确的结论，作出正确的选择。

五、逆向思维

逆向思维，顾名思义就是朝着相反的方向去思考。有时，相反的思路反而能给我们提供一种全新的思维方式，让我们从一个崭新的角度去看待问题和处理问题。

洗衣机的研制过程就是一个逆向思维的经典案例。原来的洗衣机脱水缸的设计一直没有解决脱水缸的颤抖和由此产生的噪声问题。工程技术人员想了许多办法，他们加粗或是加硬中间的转轴，但没有特别的效果，甚至用手轻轻一推，脱水缸就会东倒西歪。最后，他们干脆逆向思维，弃硬就软，用软轴代替了硬轴。软轴让脱水缸在高速旋转时平稳运行，而且脱水效果很好，成功地解决了颤抖和噪声两大问题。

虽然工程技术人员不懈的努力是洗衣机脱水技术进步的一大原因，但我们也不能忽视逆向思维带来的根本性转变。很多时候好的思维方式作出的判断和抉择比坚定的意志更为有效。

六、换位思考

一个年轻的妈妈喜欢带着自己3岁的女儿去逛商场。她想，商场里琳琅满目、五颜六色的东西那么多，女儿一定会喜欢。可是，女儿去过一次之后就再也不愿意去了。妈妈觉得很奇怪，但女儿太小，说不清楚自己为什么不喜欢逛商场。

有一次，孩子的鞋带松开了，年轻的妈妈蹲下身子为孩子系鞋带时才发现，这真是一个可怕的景象：到处都晃动着腿和屁股。原来，孩子的身高太矮，她只能看到成年人的腿。妈妈连忙把孩子抱起来，快步走出商场。

妈妈站在女儿的角度时，终于发现了女儿眼中的世界和自己眼里的世界是不一样的。

换位思考，就是站在别人的角度上去考虑问题。这是人与人之间交往的基础，是一种理解至上的处理人际关系的思考方式。现实生活中我们都需要学会换位思考，学会设身处地为他人着想。每个人的阅历不一样、经验不一样，处理问题的角度和方法就不一样。如果大家都能相互理解、宽容和信任，多从别人的角度出发，就能顺利解决很多问题。

七、敢于创新

对于很多行业而言，创新就是生产力。产品的更新换代，技术的改革突破都要依靠创新思维的力量。成功学大师拿破仑·希尔曾经教过一位从商仅4年的女学生。她从创业之初只有3500美元的资金起步，在短短的4年内开了4家五金店。

这位女士对于她的成功有着清醒的认识。她说："我确实是很努力。但是只靠早起与加班是不可以赢得这4家店面的。这一行大部分的人都是很努力地工作的。我的成功主要是靠我自创的'每周改良计划'。其实这也没有什么特别，它只是一种帮助我每过一周，就可以把工作做得更好的计划罢了。"

"为了使我的思考上轨道，我把工作分为四项：顾客、员工、货品、升迁。我每天把各种改进业务的构想记录下来。然后每周星期一的晚上，花4小时检视一遍自己写下的各种构想，同时考虑如何将一些较踏实的构想应用在业务上。在这4小时内，我强迫自己严格检讨我的工作。我不会仅仅盼望更多的顾客上门，我会问自己：'我还能做哪些事情来吸引更多的顾客？''我要怎样开发稳定、忠实的老主顾呢？''我还能做什么来改进商品的销售呢？'"因为不满足于现有的发展，她一直在不断进行着经营方式的创新和改进。她改变了商品的陈列方式；用建议式销售技术使本来不打算买东西的顾客也成为消费者；她针对因罢工而失业的顾客实施信用计划，使这些顾客可以延期支付货款；用购买竞争计划使淡季销售额仍在增加。

除了不断更新的营销方式，这位女士在经营中还有一个重要的感悟：你起先懂多少并不重要，最重要的是，你开张以后学到什么，以及如何应用。

不断学习，不断创新，永远是成功的重要法宝。

第二节
日常生活中的思维习惯

一、打破常规，灵活应变

规则有时是成功的保障，但有时规则也会成为进步的束缚。面对规则，我们不能墨守成规，不能故步自封，而应当因地制宜，灵活地遵守规则。

1984年，东京举行了国际马拉松邀请赛。比赛中大牌云集，人们纷纷猜测冠军到底花落谁家。不料，最终夺冠的是一位名不见经传的日本选手山田本一。当记者问他凭什么取得如此惊人的成绩时，他说："凭智慧战胜对手。"

当时许多人都认为这个偶然跑到前面的矮个子选手是在故弄玄虚。马拉松赛是比体力和耐力的运动，需要良好的身体素质和出众的毅力，还没听说可以靠智慧取胜的。所以，人们并没有对山田本一的话作更多探讨。两年后，国际马拉松邀请赛在意大利北部城市米兰举行，山田本一代表日本参加比赛。这一次，他又获得了冠军，在问及他取胜的原因时，山田本一回答的仍是上次那句话：用智慧战胜对手。人们对他所谓的"智慧"迷惑不解。

直到10年后，山田本一的自传出版，他获胜的谜团才得以解开。他在自传中说："每次比赛之前，我都要乘车把比赛的路线仔细地看一遍，并把沿途比较醒目的标志画下来。比如第一个标志是银行、第二个标志是一棵大树、第三个标志是一座红房子……这样一直画到赛程的终点。比赛开始后，我就以百米赛跑的速度奋力地向第一个目标冲去；等到达第一个目标后，我又以同样的速度向第二个目标冲去。四十多千米的赛程，就被我分解成这么几个小目标轻松地跑完了。”

完成马拉松赛的要求并不苛刻，似乎只要有足够的体力就可以完成。但如何完成得更好，让选手取得更好的成绩，却很少有人去思考。山田本一的成功正是因为他将这一项大家认为只需要体力就可以解决的运动用脑力进行了思考。首先，他把整个目标分解成许多小的目标，这就便于他分段完成。其次，他了解了整个赛段的地理位置，熟悉每个路段的情况，这就让他在奔跑的时候心中有数，从容不迫。山田本一的成功，是因为他对马拉松赛跑常规的突破，只有突破常规，才能有新的发现与进步。

二、积极思考，三思而后行

“三思而后行，谋定而后动”是古代先贤留下的不朽名言。要“三思而后行”，是因为任何问题的出现都有着非常复杂的原因，需要对这些原因和背景进行分析和判断后才能行动。“谋定而后动”则是在解决问题的方案上要精细打算，寻找合适的方案，确保万无一失之后才能确定行动方针，采取行动。

冷静谨慎地作出判断和抉择是每一个现代人必须具有的素质。生活中的很多事故和矛盾常常是人们没有认真考虑而贸然行事的后果。一项大的工程设计如果只顾及其生产效益，而忽略了对周围居民生活的影响，忽略了对周围环境的污染，那么这个设计即使是最领先的技术，也会遭到人们反对。

当我们作出一个决定或是采取某种行动时，我们应当对已经掌握的信息多次进行核实，对即将作出的决定多次进行考证，这样才能保证自己不贸然行事，并最终获得成功。

三、尊重规律，实事求是

“庖丁解牛”是我们熟悉的成语故事，在这个故事里其他的厨师每个月就要换一把刀，而庖丁的刀19年来从没有更换过。究其原因，是因为庖丁能够顺应牛天然的生理结构，可以做到“披大隙，导大款”，因而游刃有余，练就了目无全牛的本领。庖丁炉火纯青的技艺就是因为他充分了解并尊重牛的生理结构的规律，并按照规律去工作。

在撒哈拉沙漠中有一棵金合欢树，这棵树活了1800年，是唯一在尼日尔生存下来的古树。受到沙漠严重威胁的尼日尔人民将它视为“神树”，当地图阿雷克族人更是把它作为生命的图腾。

虽然尼日尔常年干旱，昼夜温差很大，而且天气变化异常，但这棵金合欢树却顽强地生存了下来。虽然恶劣的环境使它浑身伤痕累累，它的主干弯曲、粗糙，绿叶也不多；但人们发现，它的根部已经扎到沙海深处30米以下，粗糙的枝干生长旺盛，年年都生枝发芽。

从这棵树旁经过的车辆和驼队，都自发地承担起保护它的重任。他们根据其他金合欢树的生长特点，对这棵树进行护理：先将残枝败叶修剪干净，又在它的根部堆上泥土；然后，将自己珍贵的饮用水拿出来灌溉它；有人还在周围给树立起了屏障，为它遮挡风沙和冰雹。

可是，仅仅一年时间，这棵树便枯萎了。尼日尔人得知它的死讯后非常悲哀。科学家们发现，这棵树并非死于风沙、干旱、高温、严寒和冰雹的摧残，而是死于人们的精心护理。

这棵树死于人们的关怀和爱心。关怀和爱心没有错，错就错在人们没有充

分了解这棵大树生存的规律，没有按照它的需要去护理它。我们很多行为看似正确，但却因为没有尊重规律，忽略了事实依据而导致失败。

尊重事物发展的规律，注重事物的本质属性，才能让我们与自然和谐相处，让生命更加绚烂。

第五章

交往习惯密码

良好的交往习惯是社会适应能力的一种体现，有助于建立良好的人际关系。

某位法国作家曾说，通过日常生活中的言行举止养成的习惯，比座右铭还重要，因为习惯是活的座右铭，成为人的本性的一部分。换掉座右铭，是没有任何用的，就像是换了一本书的标题。真正重要的是养成好的习惯，这才是生活的核心和实质。

听来的故事

跳蚤是动物界的跳高冠军。它一般能够跳到它身体长度的400倍以上。于是有人做了这样一个实验：他在一个玻璃杯里放进了一只跳蚤，玻璃杯并不高，跳蚤立刻轻松地从杯子里跳了出来。他重复实验了几次，结果都一样。

接下来，这个实验者再次把跳蚤放进这个杯子里，这一次他在杯子上加了一个玻璃盖。跳蚤跳起来后重重地撞在玻璃盖上，但它仍然不停地跳。一次次起跳，一次次被撞……跳蚤慢慢变得聪明起来，它开始根据盖子的高度来调整自己所跳的高度。一天以后，这只跳蚤再也没有撞在盖子上，而是在盖子下自由地跳动。

几天以后，实验者轻轻地把这个盖子拿走。跳蚤不知道杯子上面已经没有了盖子，它依然只跳到原来那个高度。三天以后，这只跳蚤还是只跳那么高。一周以后，虽然跳蚤还在玻璃杯里不停地跳，但它已经无法跳出这个玻璃杯了。

实验者继续实验。第一次，他用一根小棒子突然重重地敲一下杯子，跳蚤吓得使劲一跳，就跳出了杯子。第二次，他拿来一盏酒精灯在杯底加热，当跳蚤热得受不了时，它奋力一跳，又跳了出去。

让跳蚤跳不出杯子的，并不是它的能力。而是它已经养成的某个习惯。这个习惯成为它跳起来的限制，暗示着它只能达到这样的高度。

我们班的故事

放学了，赵乐乐问苏晓庆：“明天是星期六，你该不会有事吧？”

苏晓庆笑着说：“抱歉，明天我要和我爸爸去钓鱼。你有什么事就不要麻烦我了。”

“我可以跟你们一起去吗？”赵乐乐急切地问。

“发生什么事了？”苏晓庆看着赵乐乐的眼睛说，“说实话吧。”

赵乐乐低着头说：“我妈妈明天要在家里请她的中学同学吃饭。所以……”

“嘿嘿，所以你宁愿和我们一起去玩。不行！我要是带你和我们一起去钓鱼，你妈妈肯定会不高兴。”苏晓庆一边摇头，一边向教室外走去。赵乐乐急忙拉住他，说：“我给你五块巧克力怎么样？”

苏晓庆站住了：“五块？你可从来没那么大方过。算了，我就不趁火打劫了。乖乖待在家里吧，没你想的那么糟糕。”

赵乐乐低着头说：“他们看到我就问，知道吗，你小时候我还抱过你呢。上几年级了？功课怎么样？学钢琴还是小提琴？长大以后准备干什么……每次遇到这些大人，他们总有十万个为什么等着问我。”

苏晓庆不笑了：“我爸爸的同学也这样。这些大人真奇怪，有那么多奇怪的问题要问我们。”

赵乐乐垂头丧气地说：“我现在看到家里来了大人就躲开。不回答他们的问题吧，妈妈说我没礼貌；回答呢，我觉得自己就像个玩具木偶一样。真麻烦！”

李小梅凑过来，笑嘻嘻地说：“我听到你们说话了。我喜欢家里有大人来做客，他们会给我带礼物。他们问你问题是关心你……”

赵乐乐和苏晓庆一起转身对着李小梅吼道：“不许插嘴！”

李小梅做了一个鬼脸，跑开了。

留 言 板

苏晓庆：赵乐乐，我回来了，你还好吗？

赵乐乐：别提了，今天真倒霉。我不想跟他们说话，就说肚子疼躲在房间里。可他们跑到我屋里来问了我很多问题，我胡乱回答了几个，他们就让我妈马上送我去医院。我只好说我是假装的，但是谁也不相信，他们把我带到医院里做了好多检查和化验。刚刚回到家。

苏晓庆：检查结果怎么样？

赵乐乐：（尴尬）当然是什么问题也没有。但是我妈的同学聚会没聚成。我妈气得一直没理我。

李小梅：赵乐乐，你太不懂事了。大人问我们问题是关心我们。

赵乐乐：（白眼）可我不想回答他们的问题。

李小梅：你真没礼貌。难怪你妈妈生气。

赵乐乐：我知道错了，快替我想想怎么跟我妈解释，她出去送同学，马上就回来。你们怎么都不说话了。唉，如果有后悔药，我一定很有礼貌地回答所有的问题。

心理学研究成果：

人们面对压力、面对紧张刺激时会采取一种自我保护的措施，这种方式被称为积极应付。

积极应付是一种在主体身上发展起来的、针对紧张刺激将要出现的结果的一种积极反应。同时也是在现实生活中培养起来的、针对可能出现的对生命和健康产生的威胁的一种预见力。因为对将要发生的事件有了预见，个体能够在这种“准备”之下去应付刺激和压力，并引导自己去努力消除这些刺激和压力的负面影响。

积极应付可以使人在应付压力成功后表现出较高的满足感、轻松感。当人们再次处于类似的情景下时，在主观上就不会有紧张的表现，客观上也查不出紧张的反应。积极应付主要通过预知、反馈和控制三个环节来实现。

余老师说一说

人类群居在一起，免不了要进行交往。如何愉快地与他人交往对很多人来说并不简单。这是因为大家都无法完全了解别人内心的想法，只能按照自己的理解去和别人交流与沟通。

因此，我们在人际交往中要把握一些原则，比如：学会换位思考，能够站在别人的立场上想问题；学会尊重，不随便打听别人的隐私，不随意打断别人说话，尊重别人的观点和看法；学会调节自己的情绪，不让自己的情绪干扰交流。学会在公平和理解的基础上建立交往关系，可以使我们在日常生活中不被人际关系困扰。

第一节
正确的交往习惯

交往习惯是人们相互交往中所表现出的态度、情绪和行为。良好的交往习惯是社会适应能力的一种体现，有助于建立良好的人际关系。

一、谦逊有礼

本杰明·富兰克林一生成就无数，他是美国历史上第一位享有国际声誉的科学家和发明家，也是一位优秀的政治家，曾被誉为“美国之父”“第一个真正的美国人”。他参与起草了《独立宣言》和美国宪法，积极主张废除奴隶制度，深受美国人民的敬爱。他死后的墓志铭却只低调地刻着一行字：印刷工人富兰克林。

富兰克林年轻的时候是一个十分傲慢的人，经常与人争论。后来，有一件小事彻底改变了他。有一次，他去拜访一位前辈。当他昂首阔步进门的时候，头被门框狠狠地撞了一下，奇痛无比。出门迎接的前辈看着他这副样子，笑着说：“很痛吧？可是，这将是你今天来访问我的最大收获。一个人要想平安无事地活在世上，就必须时时刻刻记住低头，这也是我要教你的事情。”从那以后，富兰克林就变得十分谦逊，对所有的人，甚至是攻击他的人也很温和，结果得到许多人的帮助，再加上他个人的努力，最终成就了无数的事业。

谦逊能够给人留下好的印象，使人愿意与你相处，在你需要帮助时，也有人愿意施以援手。

曾有人问苏格拉底："据说你是天底下最有学问的人，那么我想请教一个问题，请你告诉我，天与地之间的高度到底是多少？"苏格拉底微笑着答道："三尺！""胡说，我们每个人都有四五尺高，天地之间的高度只有三尺，那人还不把天给戳出许多窟窿？"苏格拉底仍微笑说："所以，凡是高度超过三尺的人，要能够长久立足于天地之间，就要懂得低头呀！"

谦逊就是要放低自己。即使有再高的成就，也应当低调平和。谦逊是一种美德。一个懂得谦逊的人是一个真正懂得积蓄力量的人。

二、信守诺言

信守诺言是中华民族的传统美德，与之相关的成语有很多，例如，“君子一言，驷马难追”“言必信，行必果”“一诺千金”等。

很多年前，尼泊尔境内的喜马拉雅山南麓很少有外国人涉足。后来，却有许多日本人到这里观光旅游，据说这是因为一位尼泊尔少年的诚信：

有一天，几位日本摄影师来到这里，休息时他们请当地的一位少年去为他们代买啤酒。这位少年跑了三个多小时才给他们买回来，摄影师们很高兴。第二

天，这个少年又自告奋勇要去为他们买啤酒。摄影师们就给了他很多钱，要他买十瓶啤酒回来。可是，这一次他们一直等到第三天下午，那个少年也没有回来。摄影师们认为那个少年不会回来了，他一定是把钱骗走了。可是，就在第三天夜里，那个少年却敲开了摄影师们的门。原来，他在第一个地方只买到了四瓶啤酒，于是，他只好又翻了一座山，趟过一条河买另外六瓶。可是返回途中，他摔坏了三瓶啤酒。少年拿着碎玻璃片，哭着把剩余的零钱交给了摄影师。在场的人都被感动了。

这个故事慢慢流传开来，许多外国人听后深受感动。于是，到这儿的游客就越来越多了。

虽然这个故事的真实性已无从考究，但我们仍然选择相信少年的善举。少年感动游客的不仅是他的勤劳，更多的是他的诚实与守信。一个善良、诚实、信守诺言的民族是值得被信任的。

三、文明友善

“文明”最早出自《易经·乾卦》：“见龙在田、天下文明。”文明是人类在认识世界和改造世界的过程中逐步形成的思想观念以及不断进化的人类本性的具体体现。可以简单描述为生活中的一抹微笑、一句问候或某个细节。友善，是一种态度、一种境界，有着强大的影响力。

曾经有一个这样的寓言故事：太阳和风争论究竟谁更有力量。风说：“比比看，谁能让那个穿着外套的老人把外套脱下来。”风说完后，便使劲儿向老人吹去，想把老人的外套吹下来。但它越吹，老人将外套裹得越紧。风实在没办法，只好停了下来。这时，太阳上场了。它从云的背后走出来，将温暖的阳光洒在老人身上，没多久，老人就把外套脱了下来。于是，太阳笑着对风说："其实，友善所释放的温暖比强硬更有力量。"

友善与文明常常相伴出现，它们有着很多相似和相近的地方。文明的行为大多是友善的，而友善的行为都是文明的。友善是社会文明的前提，社会文明的发展与进步永远都离不开友善和谐的人际关系。

第二节
日常生活中的交往习惯

探亲访友、接待客人是我们生活中常见的交往形式。给亲人以关心和安慰，和朋友联络感情、传递信息等是我们做客、待客和聚会的主要内容。做客与待客有的是在家庭中进行，也有的是在公共场合中进行，但无论在什么场合，我们都应该轻松愉快、亲切友善。

一、拜访长辈

经常去看望长辈们，是每一个晚辈的责任。去看望父母、爷爷、奶奶、姥姥、姥爷，可以带上一些适合老年人的营养保健礼品，也可以带一些老人家喜欢的食品或者物品。

要经常同老人交流。因为年龄差别较大，与长辈的价值观和审美观等有差别是难免的。当意见不合的时候，我们应当耐心倾听，不能争吵，可以寻找合适的机会或者婉转地表达自己的想法。

拜访长辈时一定要注意自己说话的语气，不能以对立的语气说话；长辈说话时不能随便打断；对长辈说话要尊称；避免谈到长辈不高兴的话题；不要对自己不了解的事情随意发表意见。

尊重长辈是基本的社会道德。要理解长辈的关心，并用关心给予回报。只有与长辈的关系融洽，家庭关系才能融洽。

二、做客聚会

做客聚会可以和志趣相投的朋友在一起，也可以和亲戚在一起。愉快的聚会能够缓解工作学习带来的疲劳和烦恼，还能增进相互间的感情。

到别人家做客聚会，一定要事先约好时间，以免打乱了亲戚或朋友的安排，吃闭门羹或成为不速之客。约好时间应准时赴约，如不能按时赴约要提前通知对方。拜访的时间不要选在对方正在吃饭的时间，以免打扰别人。如果是晚上拜访，时间要尽量缩短，不要影响别人的休息和其他家务工作。

做客聚会都要注意仪表仪容。衣着要整洁、朴素、大方，穿戴要与季节、环境和气氛协调。进门前要轻轻敲门，再熟悉的朋友也要等主人招呼再进门，不能直接推门而入。见到长辈和其他人要问好，不能随便自己选择地方坐或坐在床上。做客时举止要稳重得体，未经允许不可随意到其他房间去，不能随便翻动书柜里的书籍、笔记、信件等。不要随便乱动房间里的摆设，也不要过多地对这些摆设进行评论和批评。谈话要注意分寸，避开主人家里忌讳的话题，要避免发生争执，即使对某问题的探讨达到高潮，情绪非常激动，也不能大声叫嚷。

做客时遇有其他客人来访，要礼貌地打招呼。若别的客人有急事，应主动起身告辞，一般是先来做客的客人先告辞，以示对后来客人的尊重。

三、招待客人

招待客人可以在家里，也可以在公共场所。在家里接待客人时，主人要尽量从始至终对客人热情周到，让客人感到像在自己家一样。对预先约好的客人，应尽可能地预先有所准备。将房间打扫干净，准备一些茶点和水果，都可以让聊天时的气氛轻松自然。

客人来访时，要热情地招呼客人“请进”“请坐”“请不必拘束”。要把客人介绍给家里其他人，把客人让到显要的位置上。对于很熟悉的老朋友，不必过分客套，但也要准备茶点、糖果热情招待，使之感受到主人的热情和尊重。如果请客人留下吃饭，要多考虑客人的饮食习惯，不要殷勤地给客人夹许多菜，免得客人不喜欢吃也不好拒绝，不应过分劝酒，一切应当顺应客人的需要。有客人在家时，应禁止以下举动：打扫房间卫生、翻找东西、与家人发生口角、长时间打电话。客人逗留的时间过长，不能直接催促，可以减少谈话，不往茶杯添水作为暗示。客人要告辞时，你可以婉言相留，等客人站起身后，主人再站起来，让客人走在前面，送至大门口，目送客人远去。争取做到让对方满意，留下一个美好的回忆。

四、同伴相处

1904年夏天，一位名叫哈姆的西班牙人得知美国即将举行世界博览会，于是，就把自己的糕点工具搬到了会展地——路易斯安那州。哈姆被美国政府允许在会场的外面出售薄饼，他满心期待自己能够借此机会赚一笔钱。可惜，人们对他的薄饼似乎没多大兴趣，反倒是他旁边的一位卖冰激凌的商贩生意红火，不一会儿就售出了许多冰激凌，并且很快用完了自带的冰激凌碟子。

哈姆并没有眼红冰激凌摊贩，他主动把自己的薄饼卷成锥形，让他盛放冰激凌。而卖冰激凌的摊贩为了感谢哈姆的帮助，就买了哈姆的薄饼。于是，大量的锥形冰激凌便源源不断地被送入顾客手中。

让他们都没有想到的是，这种锥形冰激凌被顾客一致看好，还被评为此次世界博览会上“最受欢迎的产品”。从此，这种锥形冰激凌开始迅速传播，并广为流行，最后逐渐演变成今天的蛋卷冰激凌。

试想，倘若哈姆不去帮助卖冰激凌的人，那么卖冰激凌的人就没有碟子盛冰激凌，只能收摊走人；哈姆的薄饼也卖不出去。相反，哈姆把自己的薄饼送给对方去盛冰激凌，满足了他的生意持续下去的条件，而卖冰激凌的人又买下了哈姆的薄饼，照顾了哈姆的生意，双方都得以生存。这就是利益最大化、双赢的最好例子。

第六章

健康习惯密码

只有勤于锻炼，善于调控自己的情绪，才能真正成为一个身心健康的人。

健康习惯包括身体健康的习惯和心理健康的习惯。只有勤于锻炼，善于调控自己的情绪，才能真正成为一个身心健康的人。

成功的人这样说，只要今天能做到有所节制，下次就很容易做到，再下次就更容易做到。因为习惯可以改变人的本性。它要么阻止人性中的邪恶，要么使其更为放纵。（莎士比亚）

听来的故事

利奥·罗斯顿是美国历史上最胖的好莱坞影星。他演出时突然心力衰竭被送进英国伦敦的汤普森急救中心，医务人员用尽一切办法也没能挽回他的生命。临终前，罗斯顿喃喃自语："你的身躯很庞大，但你的生命需要的仅仅是一颗心脏！"胸外科专家哈登院长被罗斯顿的这句话深深打动，他让人把它刻在了医院的大楼上。

后来美国石油大亨默尔也因为心力衰竭住进了这个急救中心。默尔工作繁忙，他在汤普森医院包了一层楼，增设了五部电话和两部传真机。当时的《泰晤士报》称这里为美洲的石油中心。

默尔的心脏手术很成功，但他出院后没有回美国去继续他的石油生意，而是卖掉自己的公司，住到了苏格兰乡下的一栋别墅中。他是被医院楼上刻着的罗斯顿的话深深打动了。他在自己的自传中写道："富裕和肥胖没什么两样，都不过是获得了超过自己需要的东西罢了。"默尔及时醒悟，领悟到了人生的真谛。

然而今天还有很多人为了眼前的利益让身体超负荷运转。人往往只有面临生死抉择的时候才大彻大悟，才感到生命比什么都重要。

我们班的故事

星期一的下午校医来给我们打预防针。

赵乐乐很怕打针，他对校医说：“我在医院打过了，不用再打了。”

校医对他说：“请你妈妈给我打个电话，我要知道医院都给你打了什么预防针。”

赵乐乐只好说：“医院打的可能跟您的不一样，不用问我妈妈了。”

大家卷起袖子排着队，一个一个让校医在胳膊上打针。每一次针头扎下去的时候，赵乐乐就哆嗦一下。

苏晓庆对他说：“赵乐乐，你闭上眼睛不要看。”

轮到赵乐乐打针了。校医刚用酒精棉球碰到他的胳膊，他就往后跳开了。校医用手抓了一下，没有抓到他，就笑着说：“这位同学，我保证只是轻轻地扎一下，只有一点点疼。”

赵乐乐勉强笑了一下，小声问：“能不能让我再准备一下？”

校医把手里碰到赵乐乐的酒精棉球扔在垃圾桶里，喊道：“下一个。”

全班同学都打完了，大家都看着赵乐乐。校医问：“是你过来，还是我过去？”

赵乐乐磨磨蹭蹭地走过去，把胳膊伸到校医面前，咬着牙闭上了眼睛。校医把针扎下去的时候，赵乐乐大喊了一声，他的声音像是一块大石头砸在每个人的耳朵上，大家都吓了一跳。校长听到了，也跑了进来。看到没出什么事，这才松了一口气。

赵乐乐的眼泪流了出来，他悄悄用手擦了擦。

校医递给他一块白色的纱布，说：“快，让眼泪都流出来。我每次难受的时候就是这么做的。”

赵乐乐不哭了，他看着校医，说：“您这是逗我吧？”

校医摇摇头，说：“不是，医学专家说了，想哭的时候就哭出来。把心里的害怕和难受都释放掉，身体才能健康。”

“哭可以让身体健康吗？”李小梅连忙问。

校医点点头，说：“确切地说，是身体需要哭的时候不用忍着，可以哭出来。”

李小梅“哇”的一声哭了，教室里又有几个同学也哭了起来。

校医目瞪口呆地看着他们，轻声问：“你们是六年级的同学吗？”

留言板

李小梅：赵乐乐，你现在还难受吗？

赵乐乐：不难受了。但我以后不会再哭了，太丢人了。

苏晓庆：（偷笑）哈哈，不就是打了一针吗？你们哭得也太夸张了。

李小梅：本来我不想哭的，可是校医说想哭的时候应该哭出来。

苏晓庆：我觉得他说的有道理。

赵乐乐：那你为什么不哭？

苏晓庆：（大笑）我不难受，不害怕，我干吗要哭？

赵乐乐：苏晓庆，我就不信你没有难受的时候。

苏晓庆：我有难受的时候，但我觉得不是每个人都需要用哭的方式来释放。我要是不高兴了就吹长笛，或者出去跑步，过一会儿就好了。

李小梅：长笛有那么好吗？你教我好不好？

苏晓庆：（鬼脸）你不是会弹钢琴吗？你弹钢琴也一样。

赵乐乐：喂，那我怎么办？除了哭，我什么也不会。

心理学研究成果：

美国心理学家阿尔伯特·班杜拉认为，幼儿行为习惯的形成是社会学习的产物，可以通过模仿榜样和观察形式来养成。

班杜拉认为，人的行为，特别是人的复杂行为主要是后天养成的。这些行为的习得不仅受遗传和生理因素的制约，还要受后天个体经验和环境的影响。

对于儿童而言，习惯的养成主要是从家庭环境、学校环境和社会环境中获得的。儿童所处的环境对其行为习惯的养成有着极其重要的作用和决定性的影响。良好的家庭和学校氛围，家人和同学的影响都对儿童形成良好的行为习惯有着非常重要的影响。

余老师说一说

现代人的健康观是整体健康，世界卫生组织提出“健康不仅是躯体没有疾病，还要心理健康、社会适应良好和有道德”。健康习惯包括身体健康和心理健康。有专家专门推导出一个健康公式：

健康=情绪稳定+运动适量+饮食合理+科学的休息

石油大亨大病一场之后意识到了健康的重要性，他宁可放弃蒸蒸日上的事业来换取安宁、健康的生活。他的选择对今天正在用生命换取利益的人们有着一定的警示作用，人们从他的身上看到了透支健康的危险，也看到了为尊重生命而作出的选择。

我们很多时候不让孩子哭，美其名曰要他们学会坚强。其实，当孩子们遇到困难、遇到危险、受到委屈时的哭泣，可以缓解他们的焦虑和恐惧，能够让他们更快平复下来，获得安全感。

所以，不要嘲笑赵乐乐和他的同学们，他们有笑的权利，也有哭的权利。

第一节
身体健康习惯

一、良好的身体健康习惯

身体健康是指一个人在身体和精神等方面都处于良好的状态。身体的健康包括两个方面的内容：一是主要脏器无疾病，身体形态发育良好，体形均匀，人体各系统具有良好的生理功能，有较强的身体活动能力和劳动能力，这是对健康最基本的要求；二是对疾病的抵抗能力较强，能够适应环境变化、各种生理刺激以及致病因素对身体的作用。

世界公认的身体健康有这样一些标准：拥有正常的身高与体重，有正常的体温、脉搏和呼吸；食欲旺盛；不易得病，对流行病有足够的耐受力；大小便正常；淡红色舌头，无厚的舌苔；健康的牙龈和口腔黏膜；皮肤光滑柔韧而富有弹性，肤色健康；头发光滑带光泽；指甲坚固而带微红色等。

俄罗斯“消息岛”新闻网盘点了九条健康习惯，可以给我们一些启示：

1. 每天坚持以每分钟100步的速度走4千米；
2. 每天在户外锻炼；
3. 不要超负荷运动；
4. 每天用餐4～6次；
5. 食用纯天然食品；
6. 补充氨基酸和果胶；

7. 每天喝两杯酸奶；

8. 减少压力；

9. 入睡时间不要晚于24时。

（一）勤于锻炼

这里所说的锻炼是通过体育运动让身体强壮。一个人要身体健康，勤于锻炼是一条可行的途径。体育锻炼是保持身体健康的关键。它不仅可增强人的体魄，还可消除人心中的忧郁。养成体育锻炼的好习惯，一方面可使注意力集中到活动中去，转移和减轻原来的精神压力和消极情绪；另一方面还可以加速血液循环，加深肺部呼吸，使紧张情绪得到松弛。因此，我们应该积极参加体育活动，自觉运用体育活动克服消极情绪，养成真正能保持我们身体健康的好习惯。

但锻炼也需要讲究科学。在适当的时间、适当的地点，进行自己身体力行的锻炼才能有益于身体健康；反之，就会起到相反的作用。科学研究发现，每天过早或是过晚进行锻炼都不好。最佳的锻炼时间应当是早餐或晚餐后半小时或一小时后。这段时间锻炼既不会影响血糖波动，又不会刺激肠胃，还不会引起血流分配紊乱。

中小学生锻炼身体需要注意几个问题：第一，锻炼要循序渐进。中小学生的身体正在生长发育阶段，运动量要适中，动作要由易到难、由简到繁、由慢到快，不能突然加大运动量。第二，要选择适宜的锻炼项目。身体素质好的同学可以选择球类、中长跑等项目，而身体偏弱的同学则需要选择游泳、健身操等项目。第三，锻炼要持之以恒。最好能养成按时锻炼的良好习惯，以利于身心健康。

（二）作息规律

我们常说早睡早起身体好，但是“早”到什么程度才有利于身体健康却不得而知。

英国威斯敏斯特大学的研究人员发现，那些在早上5:22—7:21起床的人，其血液中一种能引起心脏病的物质含量较高，因此，在7:21之后起床对身体健康更加有益。

拉夫堡大学睡眠研究中心教授吉姆·霍恩说：“水是身体内成千上万化学反应得以进行的必需物质。早上喝一杯清水，可以补充晚上的缺水状态。”

英国牙齿协会健康和安全研究人员戈登·沃特金斯说："在早饭之前刷牙可以防止牙齿的腐蚀，因为刷牙之后，可以在牙齿外面涂上一层含氟的保护层。要么，就等早饭之后半小时再刷牙。"

这些生活小窍门常常会影响着我们的作息时间。我们往往会相信权威的科学家，遵照他们研究的结果来安排我们的时间。下面的时间表就是根据科学家研究发现的。

1. 晚上9:00—11:00为免疫系统（淋巴）排毒时间，此段时间应安静或听音乐。

2. 晚上11:00—01:00，肝在排毒，这个过程需在熟睡中进行。

3. 凌晨01:00—03:00，胆在排毒，这个过程需在熟睡中进行。

4. 凌晨03:00—05:00，肺在排毒。此即为何咳嗽的人在这段时间咳得最剧烈，因排毒动作已走到肺；不应用止咳药，以免抑制废积物的排除。

5. 早上5:00—7:00，大肠在排毒，应上厕所排便。

6. 早上7:00—9:00，小肠大量吸收营养的时段，应吃早餐。疗病者最好在6点半前吃，养生者在7点半前吃；不吃早餐者应改变习惯，即使拖到9点或10点吃都比不吃好。

7. 半夜至凌晨4点为脊椎造血时段，必须熟睡，不宜熬夜。

规律的作息时间能让我们的身体更好地为我们服务，减少病痛，提高效率。

二、日常生活中的身体健康习惯

人的身体健康和情绪、食物、锻炼、水质、空气等有着密切关系。我国著名医学专家梁浩材教授指出：要想拥有健康，必须首先克服不良生活习惯，不良的生活方式是慢性非传染性疾病的“真凶”。因此，我们要克服不良生活习惯，建立健康良好的生活习惯。

健康的生活习惯有这样一些要素。首先，我们应当生活规律，合理安排学习和工作的时间，每天保证7~8小时睡眠。一日三餐定时、定量、定质，合理饮食，营养均衡。多喝水，不吸烟，不喝酒，控制体重。学会控制自己的情绪，尽量减少情绪波动。学会适应外界环境的变化，乐于与人交往，每天有放松和娱乐的时间。养成清洁卫生的习惯，让自己生活在干净整洁的环境中。其次，要养成坚持体育锻炼的习惯。体育锻炼不仅可以增强人的体质，还可调节情绪。当我们在体育锻炼时将注意力集中到活动中，可以让血液循环加速，肺部呼吸加深，使紧张情绪得到松弛，转移和减轻原来的精神压力。第三，要学习保健知识，定期体检。防病比治病更重要。

（一）坚持锻炼，科学健身

坚持锻炼对我们每个人的心理和生理都有很大的益处。

首先，从生理上看，坚持锻炼是增强体质最有效的手段之一。适当的体育锻炼有利于人体骨骼和肌肉的生长；能够增强心肺功能，改善血液循环系统、呼吸系统、消化系统的机能状况；有利于人体的生长发育，提高抗病能力和机体的适应能力；能够改善神经系统的调节功能，提高神经系统对人体活动时错综复杂变化的判断能力，并及时做出协调、准确、迅速的反应，让人体适应内外环境的变化，保持肌体生命活动的正常进行；青少年坚持锻炼可以降低成年后患心脏病、高血压、糖尿病等疾病的几率。

其次，从心理上来看，坚持锻炼能够使疲劳的身体得到积极的休息，进而使人有充沛的精力投入到学习和工作中；坚持锻炼能够调节人体紧张情绪，舒展身心，改善生理和心理状态，恢复体力和精力；坚持锻炼能够保持健康的心态，充分发挥个体的创造性和主动性，提高自信心，消除学习压力；坚持锻炼积极参加集体运动项目还可以培养人的团结协作和集体主义精神。

青少年时期是人一生中身心发展的重要时期，坚持体育锻炼能够让我们在生理和心理方面都得到有益的帮助。青少年可以坚持锻炼的健身方式主要有跑步、球类活动、游泳等。即使在学习紧张，可支配时间有限的时候也应当坚持运动。步行上学和放学也是一种锻炼方式。美国著名心脏病学家怀特说："轻快地步行（至有疲劳感），如同其他形式的运动一样，是治疗情绪紧张的一服理想的镇静剂。"每天应至少步行1小时作为保持心脏健康的一种手段。如果以每分钟平均走100步（中速）计算，步行1小时可走6000步。运动医学博士赖维说："轻快散步20分钟，就可将心率提高70%，其效果正好与慢跑相同。"

无论你选择了什么样的运动和健身方式，只要坚持不懈，运动量适当，就会让你获得良好的身体素质。

（二）规律生活，定期体检

体检是体格检查的简称，即利用医学手段和医学方法对受检者进行身体检查，是一种及时掌握疾病症状及其相关因素的诊察手段。体检应当视自身的情况每隔一定时间检查一次。年轻人可以一年体检一次，中老年人可以半年体检一次。定期体检最大的好处是可以建立自己的参考值，可以从测定的数值变化中了解自己的身体健康状况。

在身体健康时期主动到医院进行身体检查，可以及时发现是否有潜在的疾病，以便于采取预防和治疗措施。很多人对健康体检缺乏足够的重视，认为自己的身体条件不错，没有什么不舒服就没有必要做检查。这是对健康体检的一种错误认识，健康体检不同于疾病检查，是对身体各个器官和各项机能的一个初检。一些大病往往就是在健康检查中发现的，如肾脏方面的疾病可以通过尿常规检查发现，测血压可以及早发现高血压，验血能够发现肝病，胸透可以发现明显的肺部疾病等。

今天，健康体检已经成为一种新的自我保健方式。这种保健方式改变了过去那种被动看病的状况，可以让主动检查变消极治病为积极防病。尽早发现那些无痛或者症状不明显的疾病。同时，定期体检能让我们加强对自我身体功能的了解，发现身体各项功能的变化，能够适时予以调整和改善。及时改变不良的生活习惯，避免危险因子的产生，提高健康水平。

第二节
心理健康习惯

一位心理学家想知道人的心态对行为到底会产生什么样的影响，于是他做了一个实验。他让十个人在他的引导下，穿过一间黑暗的房子。

经过努力，这十个人都成功地穿了过去。这时，心理学家打开了屋里的一盏灯。在昏黄的灯光下，大家看到这间房子的地面是一个大水池，水池里有十几条大鳄鱼。水池上方搭着一座窄窄的小木桥，刚才他们就是从这条窄窄的小木桥上走过去的。

心理学家问："现在你们当中还有谁愿意再次穿过这座小木桥的？"过了很久，才有两个胆大的人站了出来。其中一个小心翼翼地走了过去，速度比第一次慢了许多；另一个走到一半时，竟趴在木桥上，再也不敢向前移动半步。

心理学家又打开房内的另外九盏灯，灯光把房里照得亮如白昼。此时，人们看到小木桥的下方装有一张安全网，由于网线颜色极浅，他们刚才根本没有看见。

心理学家问道："现在有谁愿意通过这座小木桥呢？"这一次有八个人站了出来。心理学家问剩下的两个人："你们为什么不愿意呢？"

"这张安全网牢固吗？"这两个人异口同声地问。刚才站出来的八个人也有了同样的疑问。

心理学家的实验有了结果，成功就像通过这座小木桥。失败的原因有时不是因为力量薄弱和智能低下，而是我们内心对于外部环境的反应影响了我们的判断。

良好的心理素质能够让我们在逆境中崛起，获得新的成功。贝多芬一生不断经历坎坷和挫折。双耳失聪对于一个投身音乐事业的人来说已经是一种致命的打击，而他人的不理解和内心的孤寂更增添贝多芬的抑郁。但这些都没有击倒他，经过不懈努力，他发出了“我要扼住命运的咽喉”的怒吼，用音符和乐章点亮了自己心里那盏不灭的心灵之灯，走出了心灵的困惑，把自己从黑暗中解救出来，走向了成功的殿堂。

健康的心理状态不仅可以决定命运，还可以改变命运。拿破仑在莱比锡战役失败后仍能东山再起；海伦·凯勒在双目失明的情况下心中依然有光明之梦，这些都是因为他们有着非常强大的内心世界，能够用积极的心态去看待世界、看待人生，是积极的心态让他们走到了成功的终点。

一、良好的心理健康习惯

（一）乐观自信

乐观自信是一种巨大的力量。它能够让我们免于失望，有更大的勇气去面对挫折和困难。

美国前副总统乔·约翰·卡尔霍恩在耶鲁大学时，是一个默默无闻的年轻人。他学习非常刻苦，却遭到了同学们的嘲笑，但他对此并不以为然。他说：“我不得不争分夺秒地利用我的时间，这样，当我在国会时就会从容自若地对付一切。你们很怀疑这一点吗？那我告诉你们，如果我在三年内不能成为国会议员，我就不必在这里读书了。”正是因为对自己的能力充满了强烈的自信，卡尔霍恩才能够一直坚持刻苦地学习。伟大的人物大都有着强烈的乐观与自信。只要他们认准的事，就算遭遇再大阻力和困难，他们也不会退缩。

德国近代天文学家开普勒也是一个这样的人。在他的著作中有多种关于宇宙论观点与唯心主义宇宙论不符，于是，他的著作被天主教会宣判为禁书。但他并没有因此沮丧而放弃研究，也没有因为意见不同而放弃自己的立场。开普勒认为，他的同时代人是否阅读他的作品并不重要，他说：“我只需要在一个世纪中能盼到一个读者，因为上帝等待了上千年才等到我这样一个发现者。”

他们的乐观与自信让他们最大限度地发挥了自己的能力。如果我们要自信地步入生活的各个领域，除了必要的知识和技能，我们还要带上乐观、自信与勇气。

（二）有道德感

加拿大工学院的毕业典礼不同寻常，伴随毕业证一起发的还有一枚校耻纪念戒指。这个传统来源于一个教训。该校的一名毕业生曾因计算失误而导致建造的铁桥断裂倒塌，事故使得学校的声誉受到了损害。学校领导得知此事后，在感到羞耻之余，也为了警戒后人，花重金将报废的铁桥买下，制成了百万枚校耻纪念戒指。每年该校学生毕业时，校耻纪念戒指与毕业文凭一起发给每个人，提醒他们要时刻反省自己，在工作中要尊重科学，敬业精业，避免桥毁人亡的事故再次发生。

是人就会犯错，就会有迷失方向、认错形势的时候。那么这个时候，一个人能否自我反省，是否善于自我反省就显得尤其重要了。套用一个时髦的句式："犯错不是错，犯了错不反省才是真的错。"

（三）谦虚慎言

当阿道夫·贝耶尔10岁生日那一天，他原以为爸爸妈妈会像其他小朋友的父母那样，为他热热闹闹地庆祝一番。可是这一天，母亲一大早就把他领到外婆家里，在那里消磨了一整天，根本没有提过生日的事。贝耶尔很不高兴，在回家的路上，一直嘟着嘴不说话，母亲见了，语重心长地说："我生你的时候你爸爸41岁，还是个大老粗。现在他51岁了，可还跟你一样，正在努力读书，明天还要参加考试。我不愿意因为你的生日而耽误他的学习，时间对他来说实在太宝贵了，你现在还小，也要学会珍惜时间。"

母亲的话语，如雨露一般，点点滴滴滋润着贝耶尔幼小的心田。后来他回忆道："这是母亲送给我10岁生日的最丰厚的礼物。"

贝耶尔在大学读书时，有机化学家贾拉古教授的名字传遍了德国。不过，那时这位教授还很年轻。一些科学界耆宿总是提出这样那样的问题挑剔他。有一天，贝耶尔和父亲在一起闲谈，提起了贾拉古教授。贝耶尔说："贾拉古只比我大6岁……"言外之意是这个人并没有什么了不起。

父亲听了很不满意，他对贝耶尔说："大6岁怎么了？难道就不值得你学习吗？我读地质学时，老师的年龄比我小30岁的都有，我一样恭恭敬敬地称他们为老师，认认真真地听他们讲课。你要记住，年龄和学问不一定成正比。不管是谁，只要有知识，就应该虚心向他学习。”

（四）包容大度

有人说，宽容是在荆棘丛中长出来的谷粒。一件令人愤怒或尴尬的事如果大家能够彼此包容谅解，便能够化干戈为玉帛。

在一所制度森严的禅院里，老禅师晚上散步时，突然发现墙角边有一张椅子，他知道这是有出家人违反寺规越墙出去玩了。老禅师并没有声张，而是走到墙边搬开椅子，蹲在地上。过了一会儿，一个小和尚翻墙进来了。黑暗中他看不清围墙下面是什么，踩着老禅师的背跳进了院子。当他双脚落地时，发现刚才自己踩踏的不是椅子，而是老禅师，他吓得不知所措。正在他不知该怎么办的时候，老禅师平静地说：“夜深天凉，快回去多穿一件衣服。”小和尚羞愧地给老禅师鞠了个躬，回去了。

老禅师看到小和尚违反寺规，本可以大声斥责或是在全寺的僧人面前责罚小和尚，但他却选择了谅解和宽容。这样的举动有出家人的不忍之心，也有成熟的智慧。如果小和尚受到责罚，他会错误地以为做了错事只要被责罚就没事了，以后还会犯。但现在老禅师没有斥责他，却让他对自己的错误有了更深的内疚和悔恨。

包容大度不是无原则的忍让和退避，而是一种宽厚待人的美德。这种美德能够容纳非议，不计较得失，让人不执着于过去的错误，对双方的发展都有较大的促进作用。

要做到包容大度，首先自己不能对别人的错误耿耿于怀，不能将原有的过失当作思想包袱，斤斤计较。包容的心态是以退为进，看似退让其实是用爱心与善意感动别人，从而获得主动权。包容大度是消除人与人之间的矛盾与对抗的重要方法。退一步海阔天空的境界永远是面对困境的最佳选择。

（五）知错就改

金无足赤，人无完人。任何人都难免有这样或那样的缺点，都会犯这样或那样的错误。就连牛顿都宣称，他一生中的错误占到90%，那么普通人身上的错误就更不用说了。

有错误很正常，学会知错就改才能进步。我们需要经常反省自己，通过反省来找出自己的缺点和错误，从而净化自己的精神世界。18世纪法国伟大的思想家、文学家卢梭，在少年时曾经将自己极不光彩的盗窃事情转嫁到一个女仆的身上，致使这位无辜的少女被人解雇。后来，这件“卑鄙龌龊”的事情让他深深地陷入痛苦的自责中。他说：“在我苦恼得睡不着的时候，便看到这个可怜的姑娘前来谴责我的罪行，好像这个罪行是昨天才犯的。”

每一个高尚的人都会经常反省自己。人孰无过？但过而能改，就善莫大焉。清初时，山东济阳人董笃行在京城做官。一天，他接到家信，说家里盖房为地基的事情与邻居发生了争吵，希望他能借权势出面解决此事。董笃行看后马上修书一封，信里写道：“千里捎书只为墙，不禁使我笑断肠。你仁我义结近邻，让出两尺又何妨？”家人读后，觉得董笃行有道理，便主动在建房时让出三尺。而邻居见董家这样谦让，也同样效仿。结果两家共让出一条六尺宽的通道，这才有了后来的“仁义胡同”。

（六）勇敢坚强

心理学研究表明，人的内心是很脆弱的。科学家根据人对危险的不同反应，将人分为两类：一类是驼鸟型，而另一类是豹子型。面对危险时，驼鸟型的人第一反应是逃避，而豹子型的人则临危不惧，勇于面对。在豹子型的人看来，逃避意味着不能占据主动地位，只有勇敢面对危险，才能激发战胜危险的动力去战胜困难。

著名的心理学家威廉·詹姆斯指出，要使一个人持续努力确实是一件困难的事。他认为，人在经过短暂的努力之后会感到很疲倦，然后就会想放弃，半途而废。但是，如果这个人愿意多努力一点，就可以获取克服疲乏的能量，就像汽车的加速器一样，只要油箱里有汽油，用力踩发动机便会产生巨大的冲力，汽车就会高速行驶。人也同样，只要能够督促自己，勇敢坚强地去面对困境，就会产生超越平常的能量。所谓"绝处逢生"就是这样的坚持。工作和生活中只有敢于面对失败，用积极的心态去挑战困难，保持旺盛的精力全力以赴才能最终避免失败。

因此，我们要学会把挫折当作机遇。"失败是成功之母"有另一种说法："挫折，特别吸引坚强的人。因为他只有在拥抱挫折时，才会真正认识自己。"挫折是勇敢和坚强者的机遇，每战胜一次挫折，我们都能有机会认识自身的能力和价值，能够向目标又迈进一步。挫折能够激发勇敢者身上的潜能，刺激他找出战胜挫折的办法。通过多次尝试后，我们就能够更自信地面对困难。

我们还要学会积极认真地思考。我们遇到困难时不能贸然行事，而是应当通过认真思考，在短时间内抓住问题的核心，然后全力解决它。这样才能战胜挫折、避免失败，才能在逆境或是失败中反思自己，发挥自己的聪明才智战胜困难，走向成功。

（七）志存高远

德国运动员费罗伦丝·查德威克是第一个从英国、法国两边海岸游过英吉利海峡的妇女。1952年7月4日清晨，她想要从加利福尼亚海岸以西约34千米的卡塔林纳岛游到加州海岸。如果她成功了，就是第一个游过这个海峡的妇女。那天早晨，雾很大，她连护送她的船都几乎看不到，海水冻得她全身发麻。当时有成千上万的人在电视上看着她。15个小时之后，她又累又冷，想叫人拉她上船。在另一条船上的她的母亲和教练都告诉她离海岸很近了，让她不要放弃。但她除了浓雾什么也看不到，她坚持要上船。人们拉她上船的地点，离加州海岸已经不到1千米！查德威克一生中就只有这么一次没有坚持到底。她对记者说："说实在的，我不是为自己找借口。如果当时我能看见陆地，也许我能坚持下来。"加州海岸就是这个运动员奋斗的目标，因为没有目标的激励，她失败了。

鲸鱼是生活在深海中的动物，但有时为了追逐沙丁鱼，不知不觉游到海湾后就搁浅了。有专家经过多年研究后，得出的结论是，鲸鱼因为追逐小利而惨死，为了微不足道的目标而空耗了自己的巨大力量。研究者指出，没有目标的人，就像那些为了追逐食物的鲸鱼。他们有巨大的力量与潜能，但是，他们把精力放在小事情上，而忘记了自己本应做的工作，因此就失败了。

成功学的研究提醒我们，如果想要在某个领域取得较大的成就，就必须树立远大的目标。有人将目标比喻为航船的舵，能够引领和把持着人生的方向和路径。因为有了远大的目标，人们就会有相应的计划以及奋斗的动力，就会为这个目标去不断努力，尽量发挥自己的优点和长处。

（八）积极进取

冒险家在森林里遇到一个农夫，农夫正坐在一个树墩上抽烟斗。冒险家跟农夫打了个招呼："你好，你在做什么？"

农夫说："我在等，等待一场地震，把土豆从地里翻出来。"

"你知道今天要地震吗？"冒险家惊讶地问。

农夫回答："不知道。但有一次我正要砍树，一阵大风刮来，许多树都倒了，省了我不少力气。还有一次，我正准备焚烧一堆干草，一道闪电替我把这件事做了。所以，现在我就等一场地震到来……"

这个农夫的想法和"守株待兔"故事里的那个人几乎一样：他们都在等待奇迹的发生，却没有想到应当去创造和发现，他们缺少的正是积极进取的人生态度。

积极进取是一种人生态度，也是一种做事的方法。一个有着积极心态的人才会主动制订目标，才会为实现这个目标制订切实可行的计划，才会寻找科学严谨的方法，千方百计去实现目标。

二、日常生活中的心理健康习惯

（一）调控情绪，趋"乐"避害

有人说，情绪是一头关在笼子里的老虎，这头老虎一旦放出来就有可能伤人。所以每个人都应当小心看管自己笼子里的老虎，避免伤人伤己的事件发生。

每个生活在现实生活中的人都要面对大大小小的压力。这些压力有的让我们难以接受，无法适应；也有的能够在我们的努力之下得到化解，变成前进的动力。

加利福尼亚大学伯克利分校有一项关于压力的研究。这项研究的结果表明，承受适度的压力可以给人们带来好处。所谓适度的压力是处于可控范围之内的压力。该项研究发现短期的压力会诱发大脑生成新的、负责提高记忆的细胞。但如果承受压力的时间过长就会抑制大脑生成新的细胞的能力。研究人员表示：“间歇性的压力刺激可能会让大脑更警觉，当你警觉的时候，你会表现得更好。”

压力是引发人们情绪变动的主要原因。我们大部分的压力都来自于自己的主观意识，都在我们的掌控之中。如果要自如地控制情绪，首先应当学会化解压力。

加州大学有一项研究表明，心情愉悦的人精力会更加旺盛，身体也更为健康。这是因为愉悦的心情让他的应激激素皮质醇比常人减少了23%。我们每天要面对纷繁复杂的社会，即使是在小小的教室里也会发生令人不快的事情。人非圣贤，不能够对外界毫不在意，没有情绪的波动。但正如萧伯纳所说的那样，如果我们觉得不幸，可能会永远不幸。

罗曼·罗兰说，所谓内心的快乐，是一个人过着健全的、正常的、和谐的生活所感到的快乐。因此，我们要养成让自己快乐的习惯，面对困境时也要微笑面对。这样的要求似乎很高，但在现实生活中我们是可以从一件件小事着手做到的。

第一，我们要有勇气承认自己的不足和弱点，并愿意接受别人善意的提醒和帮助。意识到自己的不足和缺点后，再用积极的态度去吸取教训和改正。

第二，我们要对生活中遇到的不公正和不公平处之泰然。面对突然袭来的打击和不幸，要学会随遇而安，能屈能伸。因为很多事情无论我们如何愤怒、焦急和哀伤都于事无补。有人曾经看到过一家人在着火的屋子前含笑合影，他们无法扑灭大火，就选择了含笑和曾经的家合影告别。这是值得我们敬佩的洒脱与豁达。

第三，我们要善良，能够宽恕别人对我们犯下的错误，愿意去帮助和关心需要帮助的人。一个心中有爱的人不会吝啬对他人付出，不会自私和狭隘，不会对别人的痛苦幸灾乐祸。因为他懂得予人快乐就是予己快乐。

第四，对生活充满热情。S.乌尔曼曾说，年年岁岁只在你的额上留下皱纹，但你在生活中如果缺少热情，你的心灵就将布满皱纹。有了对生活的热情，我们才能心胸宽广，才能忽略很多不愉快的细节，让自己对生活充满热爱和激情。

休斯说，做个乐观主义者要这样，即使情况不佳，你也确信它会好转。期待美好的事情发生，不为琐事烦恼。栽种一棵快乐的花朵在心里，自己的世界才会芬芳。

（二）正视自己，不慕虚荣

英国物理学家布拉格的父母很穷。他小时候经历过的那段贫穷的岁月，是激励他前进的动力。他凭借着自己对梦想的执着追求，经过顽强的努力，最终获得了极大的成功。

布拉格在学校读书时，因为家里太穷。常常衣衫褴褛，穿着一双大小并不合适的破皮鞋。但他并没有觉得自己低人一等，也没有埋怨过家里人不能给他提供优越的生活条件。他脚上那一双过大的皮鞋看起来十分可笑，但他却并不因此自卑。

这双鞋是他父亲寄给他的。他的鞋坏了，父亲没有办法给他添置一双合脚、舒适、结实的鞋子，只好把自己的一双旧皮鞋寄给他。父亲对此充满愧疚之情，于是就给他写了一封信。信中这样写道："……儿呀，真抱歉，但愿再过一两年，我的那双皮鞋，你穿在脚上不再大。……我抱着这样的希望，你一旦有了成就，我将引以为荣，因为我的儿子是穿着我的破皮鞋努力奋斗成功的。"就是这封充满期望和关爱的信，推动着布拉格在科学的荆棘路上勇敢前行。

如果当年布拉格对父母的穷困感到失望，不愿意承认自己的贫穷，希望能用种种方式掩藏自己真实的家庭境遇，想尽办法去获得物质的满足以赢得别人和社会的注意与尊重，那么他就难以取得今天的成就。正是因为布拉格没有虚荣心，他不需要借用外在的、表面的或他人的荣光来弥补自己内在的、实质的不足。这样的习惯在他成年后让他能够忽略身边的物质引诱，不急于希望得到社会的承认，能够一心扑在自己喜欢的事业上，并最终获得成功。

虚荣心理是一种很复杂的心理现象，是一种被扭曲了的自尊心。法国哲学家

柏格森曾这样说过："虚荣心很难说是一种恶行，然而一切恶行都围绕虚荣心而生，都不过是满足虚荣心的手段。" 人人都有自尊心，过强的自尊心就是虚荣心。任何事物都有其两面性，如果一味追求虚荣而忽略人生目标，就会过高估计自己的能力和水平，做出不切实际的计划和决定。因为虚荣心毁灭了自己和他人前途的故事不计其数。而适度的虚荣心是一种自尊心的体现，它能够让我们正视自己，可以催人上进，让人获得行动的动力。

（三）保持冷静，赶走沮丧

电影《赤壁》中有一个经典的情节，周瑜初见诸葛亮时，看到他手里的羽毛扇就奇怪地问："这么冷还扇扇子？"诸葛亮从容地说："我需要随时保持冷静，这习惯一直改不了。"周瑜回答说："你不像是个不冷静的人。"

冷静是用扇子扇出来的吗？答案肯定不是。但是诸葛亮的冷静却是有目共睹的。在《空城计》的故事里，诸葛亮面对强敌却能抚琴唱曲，让多疑的司马懿不敢进攻。这样的冷静与胆略一直被世人称道。

培根说，人的理智就好像一面不平的镜子，由于不规则地接受光线，因而把事物的性质和自己的性质搅混在一起，使事物的性质受到了歪曲，改变了颜色。能否冷静地看待事物和问题，就像是这面不平的镜子，当我们冷静地面对突发事件或是挫折时，就能够清晰地看到事物的本来面目，识别善恶，权衡利弊，容易作出正确的决定。而如果我们无法控制自己的情绪，就难以保持处理事件的大度、从容和理智。

（四）善待挫折，学会自嘲

挫折并不可怕，可怕的是从此一蹶不振。

屡战屡败或许有多种原因，但无论如何我们都不能失去屡败屡战的勇气。面对挫折，有的人心灰意冷，有的人却能够从失败中吸取教训，一步步走向成功。

美国联合保险公司董事长克里蒙特·斯通小时候非常胆小，家里来了客人他就躲进房间里。打雷的时候他干脆躲到床底下。有一天，克里蒙特·斯通突然想，如果雷电真的向我袭来，不论我躲到哪里都一样危险。于是，他决定不再害怕。这一天，又是一个雷电交加的风雨天。克里蒙特·斯通强迫自己走到窗前观看闪电。这时，奇迹出现了，他觉得满天的闪电很美，很奇妙，一点也不可怕。从那以后，克里蒙特·斯通从惧怕闪电变成了喜欢观赏雷电。他喜欢雷电奇景甚至到了痴迷的程度。

克里蒙特·斯通从畏惧雷电到喜欢观赏雷电奇景的转变过程是一种健康积极的心态。当克里蒙特·斯通明白“如果雷电真的向我袭来，不论我躲到哪里都一样危险”后，便开始以积极的心态看待雷电，直至痴迷上雷电的美景。

每个人进入未知领域时，都会因为对未知领域的陌生而产生胆怯和畏惧，这是一种正常的心理反应。胆怯和畏惧的反应并不能成为我们判断一个人胆识和勇气的依据。

有人说爱迪生发明事业的成功是因为他失败了一万次，从失败中找到了成功的方法。但爱迪生不这样看，他认为自己并没有失败过一万次，而是发现了一万种行不通的方法，最后找到了行得通的办法。爱迪生的成功是因为他一直坚持，没有放弃。即使人们提到他曾经的失败时，他也毫不沮丧，甚至可以用这种自嘲的方式谈论此事。

自嘲是一种能力。只有一个能够正视自己、相信自己的人才能语气平和地调侃自己的挫折和失败。跌倒了爬起来需要勇气，能够平静地谈论自己的失败也需要勇气。只有当我们能够正视困难、正视挫折、正视失败时才能找到突破口，取得最终的成功。

阳光总在风雨后，面对风雨的勇气和从容让雨后的阳光更加令人期待。

（五）学会独处，摆脱依赖

很多人把交往看作是一种能力，却忽略了独处也是一种能力。在现代社会，便捷的生活条件和通信设施使得我们可以独自生活，因此从某种意义上来说，独处是一种比交往更为重要的能力。

独处是一种重要的能力，但却不是与生俱来的。事实上只有极少数人生来就雄心勃勃，天不怕地不怕。绝大部分人的性格均表现为不同程度的胆怯。它需要靠后天教育、心理疏导、锻炼等方式来逐渐克服。从心理学的角度看，独处是人的一生中不可或缺的阶段性生存方式。人之所以需要独处，是为了进行内在的整合，也就是把新的经验放到内在记忆中的某个恰当位置上。唯有经过这一整合的过程，外来的知识、经验才能被自我所消化，并成为自我精神世界或知识结构中的有机组成部分。因此，有无独处的能力，关系到一个人能否真正形成一个相对自足、独立的内心世界，以及正确的人生观和世界观，甚至是一生的幸福。现在的孩子，尤其是城里的独生子女，生来就注定要承受孤独。所以，摆在我们面前的现实问题，是指导孩子怎样面对孤独、学会孤独，以及如何在孤独中寻找生活的乐趣。

因此，针对幼儿心理孤独恐惧症，家长应该有意识地为他们多创造安全独处的机会，多安排一些需要单独完成的活动，例如做作业、写字、画画、演算等，并设定任务且要求在特定时间内完成。在任务之下，使他们在心理上产生一种目标感，这种目标感可有效地集中注意力，迫使他们没有空闲考虑个人处境，由此回避他们心理上的孤独感。随着独处体验的逐渐增多，就会自然而然地建立起独处的能力。

（六）自我反省，积极上进

自省就是自我反省和自我评价。这是一种健康有益的心理习惯，经常自我反省和自我评价，能够让我们更好地自我调控和自我教育，矫正生活中产生的不良情绪或是错误决定与做法。

孔子把自省当作一种自我道德修养的方法。他曾说："见贤思齐焉，见不贤而内自省也。"这句话的意思是看见有德行或有才干的人就要想着向他学习，看见没有德行的人，自己的内心就要反省是否有和他一样的错误。孔子的学生曾子也要求自己做到"吾日三省吾身，为人谋而不忠乎？与朋友交而不信乎？传不习乎？"这句话的意思是"我每天多次反省自己的言行，替人家谋划的事尽心尽力了吗？和朋友交往是否诚心诚意？传授给别人的道理有没有那样去做呢？"荀子在《劝学》中提出："君子博学而日参省乎己，则知明而行无过矣。"把自省和学习结合起来，要求读书人能够广泛地学习并且每天检查反省自己，有了这样的行为，就可以做到智慧明达并且行为没有过错了。

一个美国人曾讲述过他的一段特殊经历："五年前，我经营的是农具买卖，我过着平凡而又体面的生活，但并不理想。我们的房子太小，也没有钱买我们想要的东西。我的妻子并没有抱怨，很显然，她只是安于天命而并不幸福。

"我的内心深处变得越来越不满。当我意识到自己的妻子和两个孩子并没有过上好日子的时候，我感到了深深的刺痛。

"但是今天，一切都有了极大的变化。现在，我有了一所占地2英亩的漂亮新家。我们再也不用担心能否送我们的孩子上一所好的大学了，我的妻子在花钱买衣服的时候也不再有那种犯罪的感觉了。明年夏天，我们全家都将去欧洲度假。我们过上了真正的生活。

"这一切的发生，是因为我利用了信念的力量。五年以前，我听说在底特律有一个经营农具的工作。那时，我们还住在克利夫兰。我决定试试，希望能多挣一点钱。我到达底特律的时间是星期天的早晨，但公司与我面谈还得等到星期一。晚饭后，我坐在旅馆里静思默想，突然觉得自己是多么的可憎。'这到底是为什么？'我问自己，'失败为什么总属于我呢？'

"我不知道那天是什么促使我做了这样一件事：我取了一张旅馆的信笺，写下几个我非常熟悉的、在近几年内远远超过我的人的名字。他们都取得了更大的成就。其中两个原是邻近的农场主，现已搬到更好的地区去了；其他两位我曾经为他们工作过；最后一位则是我的妹夫。

“我问自己：什么是这五位朋友拥有的优势呢？我把自己的智力与他们作了一个比较，但我并不认为他们比我更聪明；而他们所受的教育、他们的品行、个人习性等，也并不拥有任何优势。终于，我想到了另一个成功的因素，即主动性。我不得不承认，我的朋友们在这点上胜我一筹。

“当时已快深夜3点钟了，但我的脑子却还十分清醒。我第一次发现了自己的弱点。我深深地挖掘自己，发现缺少主动性是因为在我内心深处，我并不看重自己。我坐着度过了残夜，回忆着过去的一切。从我记事起，我便缺乏自信心，我发现过去的我总是在自寻烦恼，自己总对自己说不行，不行，不行！我总在表现自己的短处，几乎我所做的一切都表现出了这种自我贬值。终于我明白了：如果自己都不信任自己的话，那么将没有人信任你！

“于是，我做出了决定：我一直都是把自己当成一个二等公民，从今后，我再也不这样想了。

“第二天上午，我仍保持着那种自信心。我暗暗以这次与公司的面谈作为对自己自信心的第一次考验。在这次面谈以前，我希望自己有勇气提出比原来工资高750美元甚至1000美元的要求。但经过这次自我反省后，我认识到了自我价值，因而把这个目标提到了3500美元。结果，我达到了目的。我获得成功，是因为经过整整一个夜晚的自我分析以后，我终于认识到了自己的价值。”

因为在自我分析和自我反省中找到了自己的价值，这个人的生活从此得到了真正的改变。如果我们能够做到自觉地自我反省，经常在反省中发现自身的优势与劣势，扬长避短，就能在竞争中立于不败之地。

第七章

生活习惯密码

良好的生活习惯不仅能让我们身心愉悦，还有助于我们事业的发展和成功。

生活习惯通常指人们日常生活中的习惯。诸如吃穿住行、作息时间安排等，都能反映出一个人生活习惯的健康程度和行为特点。良好的生活习惯不仅能让我们身心愉悦，还有助于我们事业的发展和成功。

成功的人这样说，起先是我们造成习惯，后来是习惯造成我们。（王尔德）

听来的故事

在亚历山大帝国时期，有个穷人无意中得到了一张羊皮纸。这张纸上记录了一个惊人的秘密：黑海边的沙滩上有一块小圆石，这块圆石能够将普通的金属变成黄金。羊皮纸上还详细地记录了这块圆石和其他石头的区别，这块石头摸上去是温的，而一般的石头则是冰凉的。于是，这个穷人变卖了全部家当，来到黑海边寻找这块能够点铁成金的石头。

海滩上有很多石头，为了避免重复捡到已经摸过的石头，他每次捡到一块冰凉的石头就往海里扔。一天天过去了，他的手臂变得酸痛，腰也累得直不起来，但他依然没有放弃。一个月、一年、两年、三年……很多年过去了，他还是没有找到那块圆石。但他不愿意放弃，依然不断地捡起

来，再扔出去。有一天早上，他捡起一块石头，这块石头是温的！但没等他高兴地叫出声，他已经习惯性地把这块石头扔出去了。苦苦寻觅多年的希望被多年来形成的习惯破灭了。

我们班的故事

赵乐乐今天又被王老师批评了。

王老师说："赵乐乐，你把题目都给抄错了，做出来的答案能对吗？你这个粗心的毛病什么时候才能改正？"

赵乐乐连忙回答："知道了，我一定改。"

回家后，赵乐乐想："我一定要把粗心的毛病改过来。今天的作业一定不能粗心。"

吃晚饭前，妈妈说，"别看电视了，做作业去。赵乐乐说：不行，我今天要认真做作业，马上要吃饭了，要是你叫我吃饭，我就被干扰了。我要吃完饭好好做作业。"

吃完饭，赵乐乐打扫干净了自己的房间，他想："有一个干净的环境才能好好做作业。"后来，赵乐乐还给苏晓庆打了一个电话，咨询他做作业的时候怎么才能不粗心。

等到赵乐乐开始做作业的时候，时间已经不早了。距离平时睡觉的时间只有半小时。赵乐乐飞快地把作业写完，本来想检查一遍，但赵乐乐已经困得眼睛都睁不开了。于是，赵乐乐收拾好书包睡觉了。

赵乐乐的作业又被王老师批评了。王老师说："赵乐乐，你字写得不好也就算了。为什么要把15写成51呢？今天的作业全部重做。"

赵乐乐生气地想："我可能改不了粗心的问题了。"

留言板

苏晓庆：（愤怒）赵乐乐，昨天晚上我不是告诉过你，做完作业一定要检查一遍，一遍不行就检查两遍。你忘了吗？

赵乐乐：（汗）做完作业以后我只想睡觉，没时间检查了。

李小梅：（偷笑）明明是自己偷懒，还要找借口。

赵乐乐：（愤怒）李小梅，别胡说！

李小梅：（鬼脸）你承认偷懒，我就不说了。

赵乐乐：我先检查作业去，懒得理你。

李小梅：（鬼脸）去吧，不偷懒的才是好孩子。

陈偃松：李小梅，赵乐乐已经够倒霉的了，你还要落井下石。

李小梅：喂，不懂就别乱说话。我这是在帮赵乐乐！下次只要我一提偷懒，他就会记得要检查作业。这叫强刺激，厉害吧？

陈偃松：（汗）好像有道理哦。

心理学研究成果

意识的活动分为显意识活动和潜意识活动两种。显意识就像是一位值勤的哨兵，在我们清醒和防备的时候能够战胜潜意识，但因为潜意识从不入睡，只要显意识稍有松懈，它就可以马上打败它。

因此，我们要改变某种习惯就是要改变潜意识。正如梅瑞德·曼恩所说的："只有主动去改变潜意识，我们的生活才有可能发生改变，否则，我们只会继续那种我们以往一点一滴构筑起来的生活方式。" 重视潜意识的存在与改变，才能生成一套新的潜意识的运行规则。

余老师说一说

现代文明让我们知道哪些行为是正确的，哪些行为是不正确的。正确的那些行为都是符合规律和规范的，因此成为我们学习和遵守的规则。这些规则因为遵守的次数多了，就成了大家的习惯。

《听来的故事》里那个把点金石扔掉的人，正是因为养成了扔石头的习惯，所以顺手将点金石扔掉了。习惯的力量有时并非完全由我们的愿望来控制。赵乐乐最大的问题其实是拖延。因为没有养成抓紧时间做事的习惯，所以每次做作业的时候时间都被浪费得差不多。赵乐乐并没有花足够的时间来做作业，所以出错就难免了。很多问题看起来有不少原因，但最终都是因为我们没有养成良好的习惯。

建议：

1. 放学回家先做作业。

2. 学会利用零碎的时间。

3. 一定要求自己检查做完的习题。刚开始的时候可以每次只检查一题，慢慢增加数量。

第一节
良好的生活习惯

一、独立自立

独立自立是一种重要的生活习惯。一个人只有当他的精神和意识能够独立与自立时，才能够良好地把控自己，不必完全依赖于其他人。在生活中，我们倡导一个人从小就应该自己的事情自己做，有自我的判断能力和承担自己责任的能力。只有这样，长大以后才能承担更为重要的责任。

二、良好作息

古人倡导的“日出而作，日落而息”是符合人的身体需要的。科学家研究发现：每天早晨6点钟开始，人的中枢体温就会逐渐上升；中午以后逐渐下降，然后再继续升高，在黄昏时达到最高值，然后在天黑后两三个小时下降；凌晨是当天脑部温度的最低点。这种温度的变化是大脑活动的表现，有着时钟一样的作用，能够提醒人们什么时间应该睡觉，什么时间应该醒来。只要人们没有休息，大脑就无法停止活动，如果脑部没有得到适度的休息，就会引发很多的健康问题。

良好的作息习惯有很多益处。首先，有规律的生活起居能够让人体内的各个组织器官、神经系统等进行正常的运转，减少疾病感染；其次，充足的睡眠能够使我们消除疲劳，保持充沛的体力工作；第三，按时作息还能提高工作和学习的效率，提高智力。除此之外，按时作息能够促进成长中的青少年生长激素分泌充足，使他们得到很好的生长发育。

因此，良好的作息习惯不仅是学习和工作的需要，更是我们身心健康的保障。

第二节
日常的生活习惯

日常的生活习惯包括着装习惯、用餐习惯、居住习惯、出行习惯、卫生习惯、作息习惯等。这些习惯看似只是个人的习惯，与公众无关，但却能够真实地反映出一个人的修养和素质。

一、着装习惯

着装，指服装的穿着。对于衣服的穿着，华盛顿有一句经典的名言：对于一个明智和懂事的人而言，衣着的第一要求，应永远是得体和整洁。契诃夫也说，人应当一切都美，外貌、衣裳、灵魂、思想。

从礼仪的角度来看，着装不能简单等同于穿衣。一个人的着装反映出着装人自身的阅历修养和审美情趣。在不同的时间、不同的场合，以不同的身份出场时，我们都应当力所能及地对所穿的服装进行精心的选择、搭配和组合。在不同的场合，个人的着装都应当尽量体现出仪表美，给人以良好的印象。

着装体现出一个人的基本素养。着装除了必须整齐和整洁，还要适应自身形体、年龄、职业的特点。另外，在此基础上还应符合本国的道德传统和文明规范。尤其是正式场合的着装，应当大方得体，切忌穿过露、过透、过短和过紧的服装。过分暴露身体不但会有失自己的身份，而且也失敬于人。

着装还应当符合生活美学。服装与鞋帽、饰品的搭配等都要自然舒适，和谐完美。在体现自己的个性特征的同时，整体体现服饰之美，不要盲目追逐时髦。

二、用餐习惯

随着生活水平的提高，人们越来越重视一日三餐吃什么，怎么吃。良好的用餐习惯能提高我们的生活质量，有益于我们的身心健康。

中西饮食文化的不同很大程度上体现在用餐习惯上。中餐炸、炒的食物多；西餐烤、煮的食物多。中餐用筷子，大家同桌一起吃饭；西餐用刀叉，大多是分餐制。在少数民族地区和一些国家，既不是用刀叉也不使用筷子，而是直接用手去抓食物。每个地区都有自己的饮食习惯，我们应当入乡随俗，在不同的地区应尊重当地风俗，按照当地习惯用餐。

用餐时如果养成良好的习惯，有益于我们的健康。例如，用餐的时候应当保持心情愉悦。用餐前不做剧烈运动，饭前洗手。用餐时专心吃饭，不看书，不看电视，以免影响消化液的分泌。和其他人同桌吃饭时，尽量使用公筷，不要用自己的筷子在盘子里翻拣菜肴，不要大声喧哗。

三、居住习惯

中国是个传统的农耕文明国家，至今仍保留着许多农耕文明的习惯。群居的居住习惯就是其中之一。

传统的中国人通常是以姓氏、村落、部落为基本单位聚居在一起。现在农村某些地区仍然保存着李庄、刘庄、杨家村等以家族姓氏为名的村落。村落中由年长的德高望重者指导全村人的日常事务，为村民提供评理、裁决、分配等服务。

近几年城市的迅速发展，才使得传统的农村居住方式逐渐消退，人们住进了独门独户的单元楼。有的小区因为住户之间了解不多，彼此间互不相识，很少交往。

中国幅员辽阔，不同地区有不同的居住习惯。蒙古族居住在蒙古包里、傣族住在竹楼里、哈尼族住在冬暖夏凉的土掌房里……北方有些地方冬天烧炕取暖，夏天也睡在炕上；南方一年四季睡床，南北方的房屋结构完全不同。

不同地区的人有着自己熟悉的居住习惯。我们应当学会尊重当地人的风俗习惯，不把自己的习惯强加于人。

四、卫生习惯

卫生习惯是与我们的健康息息相关的一种习惯。健康与卫生有着直接的关系。良好的个人卫生习惯、家居环境和公共场所的清洁度是健康的有力保障。

一家生产无菌输液管的工厂一直想要引进一条美国的先进生产线。他们和美国的厂家进行了长时间的谈判后，终于说服了对方。双方约定好签约时间，美国厂家代表来到中国，准备在引进合同上签字。就在签字的那天，双方代表一起进入签约会场的时候，中方厂长突然想要吐痰。他四处看了看没有找到痰盂，就走到墙角，将一口痰吐在了地上，并用鞋底蹭了蹭。这一举动让准备签约的美国厂家代表皱起了眉头，他担心：输液软管是专供病人输液用的，必须绝对无菌才符合标准，但西装革履的厂长却随地吐痰，想必工厂的卫生状况也不会很好。如此环境下生产无菌输液管令他觉得不能放心。于是他临时改变了主意，断然拒绝在合同上签字。

一个看似不起眼的卫生习惯，其实体现出的是一个人的文明素养。这位厂长的这一举动不仅自己不文明，还有可能将疾病传播给他人，从而危及别人的身体健康。个人卫生习惯的好坏并不仅仅是个人的问题，还反映出个人对其他人的尊重和社会责任感。

我们应当学会保持个人清洁卫生，养成勤洗衣服、勤打扫房间、勤晒被子、勤洗澡、勤剪指甲、饭前便后洗手等卫生习惯，这样能有效提高自己免疫力，抵御病毒侵害，同时也能提高自己的文明素养。

五、作息习惯

亚里士多德说，总以某种固定方式行事，人便能养成习惯。作息习惯对人的身心健康有着极其重要的作用。

德国古典哲学创始人康德是启蒙运动时期最重要的思想家之一。他同时也是天文学家，星云说的创立者之一。康德至今被人津津乐道的还有他的作息时间，他的一生就像一块准时的瑞士手表，堪称最佳作息典范。康德的作息时间表如下：

4:45仆人浪泊叫醒康德。康德命令：无论他怎么赖床，浪泊都必须想方设法把他拖起来。

5:00喝两杯茶，抽一斗烟，备课。康德严格规定自己每天只抽一斗烟，终生不变。只不过年纪越大，烟斗也越大。

7:00—9:00上课。

9:00—12:45写作。康德的三大批判都完成于这个时间段。

12:45 待客。

13:00—16:00与友人共进午餐。这也是康德大发议论的时光。

16:00—17:00散步。康德出门散步，定时定点。居民一看见康德出门散步就对表。有次康德看卢梭的《爱弥儿》走火入魔，忘了出门散步，居民们一片混乱，一致认为教堂敲错了钟。

17:00—22:00看书。要求：书房温度恒定15摄氏度。

22：00—4：45睡觉。传闻，一到22点，康德马上上床睡觉，并立刻进入梦乡。

康德的成功很大程度上和他的作息习惯有关。由此可见，良好的作息习惯是成功的前提和必要条件。

青少年应该养成良好的作息习惯，这不仅有助于我们的身体健康，还有助于我们养成自律的行为习惯。一个能够控制自己作息时间的人，才能够控制自己的人生。

结语

习惯有着巨大的力量。美国畅销书作家杰克·霍吉说：“习惯决定性格，性格决定命运。”美国教育家帕克赫特说：“我今天的性格，在很大程度上是过去的产物，它集中体现了我过去的思想、感受和行为。以往所有的岁月，凝聚成今天的这一刻。因此，性格是最能代表一个人的全部经历的。一个人只要知道了我的性格——我的真实性格，也就知道了我40年来或更多年月里的所作所为和所思所想。在很大程度上说，性格就是已经定型的习惯。”

很多年前，芝加哥大学的本杰明·布鲁姆博士进行了一项对杰出学者、艺术家和运动员的研究。这项研究选取了各个领域中最杰出的20位成功人士进行匿名访谈。这些成功人士包括知名的艺术家、运动员、科学家和精神病专家等。访谈涉及这些成功人士的家人及教师，期望访谈内容能够尽可能全面和丰富。这项研究前后长达5年之久。本杰明和他的同事们仔细研究了采集到的信息，希望能够从中找到成功人士与普通人的区别。最终，他们的研究结果表明，这些成功人士的成功不是天才和天赋，而是坚忍不拔的好习惯，是不畏挫折与失败，坚忍不拔朝着自己的目标奋斗和努力的勇气造就了他们。

本杰明的这项研究显示，习惯对于成功者有着非同一般的重要作用。当一个人养成了良好的习惯，不管这个习惯是守时、勤俭、诚实等行为习惯，或是积极思考、尊重规律的思维习惯，还是谦逊有礼、文明友善的交往习惯等，都将有助于提升个人的生活品质，使人获得更大的成功。

习惯的形成有一定的规律性。有的习惯是我们有意识地培养起来的，而有的习惯却是在无意中养成的。当某种习惯形成之后，我们就会自动地运用这种思维方式或是行为方式对我们即将要做的事情作出判断和反应。这些习惯有的能够让我们事半功倍，对未来充满信心；而有的却可能让我们缺乏自信，破坏规则，丧失斗志。能够帮助我们成功的是那些良好的习惯。因此，成功学大师拿破仑·希尔这样告诫年轻人："你最好能大声告诉自己，我要养成良好的习惯，让习惯的力量助我成功!"

习惯形成的过程是一个磨炼人的意志和毅力的过程。能够养成良好习惯的人，大多是目标明确、意志坚强、百折不挠的人。只有这样的人才能把习惯转化成精神的力量，用顽强的意志和坚韧的毅力实现自己的目标。

有人测算过，一块从悬崖上往下掉的石头，由于重力的作用会加速向下坠落。如果在第一秒钟它下落了2米；在第二秒钟它就可能会下落5米；而第三秒时，这块石头则可能下落7米；假如这块石头总共下落了10秒钟，最后一秒钟它可能会下落60米。这块石头下落的加速度和习惯的形成有着相似之处，当我们对某种思维方式或是行为方式从"我想做"发展到"我要做"时，习惯的形成也是由慢到快，加速形成的。

我们已有的性格决定着我们思维和行动的方式，而这些思维和行动方式的多次反复会形成新的习惯，这些习惯又影响着我们性格的内涵，改变着我们看待事物的眼光、处理问题的方式。不管我们愿意不愿意，习惯的力量早已渗透于我们生活的方方面面，不管我们是否意识到，习惯已经深深影响了我们的今天和未来。

所以，成功并不遥远，良好的习惯就是到达成功最便捷的桥梁。